Schülerhilfe!
Das Original. Seit 1974.

W0239235

Testbuch MATHEMATIK

7.–8. Klasse

mathematische Zeichnungen
zweiband.media, Berlin

Bildquellen
Stift SK Chavan/Shutterstock.com – **S. 7** iStock.com/TimArbaev – **S. 43** Shutterstock.com/tadamichi – **S. 73** Shutterstock.com/PowerUp – **S. 91** Shutterstock.com/JRP Studio – **S. 100** Shutterstock.com/Elena Hramova – **S. 106** Shutterstock.com/pupunkkop – **S. 118** Shutterstock.com/Rashevskyi Viacheslav

www.schuelerhilfe.de

Herausgeber: ZGS Bildungs-GmbH, Gelsenkirchen
Redaktionsleitung: ZGS Bildungs-GmbH, Gelsenkirchen
Layout: Maria Mandelkow, zweiband.media, Berlin
technische Umsetzung: zweiband.media, Berlin
Lektorat/Korrektorat: ZGS Bildungs-GmbH, Gelsenkirchen
Umschlaggestaltung: Trapps Team für Kommunikation GmbH, Hamburg
Umschlagabbildung: ZGS Bildungs-GmbH, Gelsenkirchen

Inhaltsverzeichnis

Inhaltsverzeichnis

Prozentrechnung

LERNEINHEIT 1

Test 1 Grundlagen – Anteile/Prozente

Schwierigkeitsgrad

A1 Erweitere die Brüche auf Hundertstel und schreibe dann in Prozent. 6

a) $\frac{3}{5} = \frac{}{100} =$ .... %

c) $\frac{8}{20} = \frac{}{100} =$ .... %

e) $\frac{2}{2} = \frac{}{100} =$ .... %

b) $\frac{4}{10} = \frac{}{100} =$ .... %

d) $\frac{47}{50} = \frac{}{100} =$ .... %

f) $\frac{15}{50} = \frac{}{100} =$ .... %

A2 Welcher Anteil ist hier dargestellt? Wandle in Prozent um! 5

a) 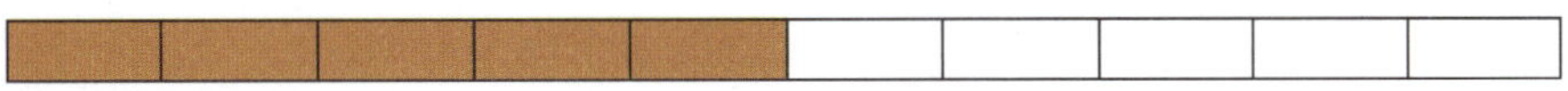

$\frac{}{} =$ .... %

b) 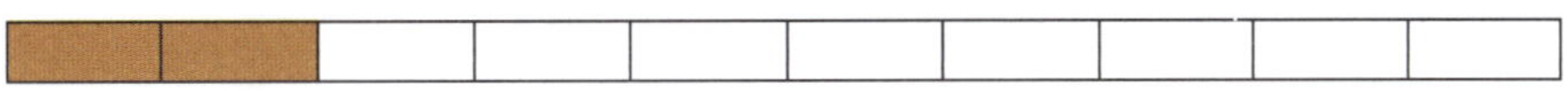

$\frac{}{} =$ .... %

c) 

$\frac{}{} =$ .... %

d) 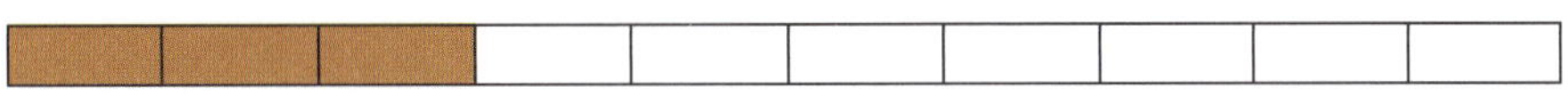

$\frac{}{} =$ .... %

e) 

$\frac{}{} =$ .... %

oder:
www.schuelerhilfe.de
/gute-noten
CODE 7949

bearbeitet am | zu erreichende Punktzahl 11 | erreichte Punktzahl des Schülers

➨ Ab 8 erreichten Punkten kannst du zum nächsten Test übergehen.

Test 2 Grundlagen – Anteile/Prozente

Schwierigkeitsgrad

A1 **Vervollständige die Tabelle, schreibe den Bruch in Hundertsteln auf.** 20

Dezimalbruch	0,5				0,65				0,72	
Bruch	—	—	$\frac{3}{20}$	—	—	—	$\frac{89}{100}$	$\frac{38}{50}$	—	$\frac{2}{5}$
Prozentsatz	...... %	30 %	...... %	20 %	...... %	80 %	...... %	...... %	...... %	...... %

A2 **Wandle die Dezimalzahlen in Prozent um.** 8

a) 0,35 = ... %
b) 1,45 = ... %
c) 0,99 = ... %
d) 0,51 = ... %
e) 0,32 = ... %
f) 1,7 = ... %
g) 0,01 = ... %
h) 1,38 = ... %

A3 **Wandle den Prozentwert in einen Bruch um. Kürze, wenn möglich.** 8
(Wenn du nicht kürzen kannst, schreibe den gleichen Bruch erneut in den zweiten Bruch)

a) 68 % = — = —
b) 30,5 % = — = —
c) 51 % = — = —
d) 15,8 % = — = —
e) 2 % = — = —
f) 8,5 % = — = —
g) 102 % = — = —
h) 120 % = — = —

oder:
www.schuelerhilfe.de
/gute-noten
CODE 7949

bearbeitet am .... zu erreichende Punktzahl: 36 erreichte Punktzahl des Schülers ....

➨ Ab 28 erreichten Punkten kannst du zum nächsten Test übergehen.

Test 3 Grundlagen – Anteile/Prozente

Schwierigkeitsgrad

A1 **Vervollständige die Tabelle, schreibe den Bruch in Tausendsteln auf.** 20

Dezimalbruch		0,763				1,265			0,829	
Bruch	$\frac{111}{125}$	—	$\frac{1}{8}$	—	$\frac{56}{125}$	—	—	—	—	$\frac{124}{125}$
Prozentsatz	.... %	.... %	.... %	90,3 %	.... %	.... %	27,1 %	158 %	.... %	.... %

A2 **Wandle die Prozentwerte in Brüche um. Kürze, wenn möglich.**
(Wenn du nicht kürzen kannst, schreibe den gleichen Bruch erneut in den zweiten Bruch) 6

a) 128,5 % = — = —

b) 65,7 % = — = —

c) 138 % = — = —

d) 75,12 % = — = —

e) 53,6 % = — = —

f) 201,4 % = — = —

A3 **Wieviel Prozent der Kästchen ist jeweils eingefärbt?** 2

a)

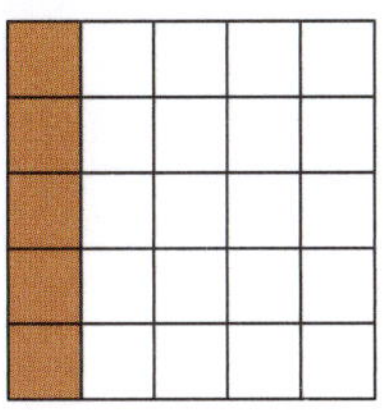

.... %

b)

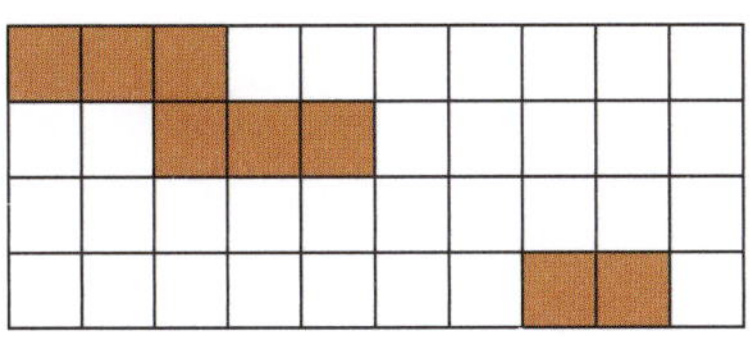

.... %

bearbeitet am | zu erreichende Punktzahl: 28 | erreichte Punktzahl des Schülers

➡ Ab 22 erreichten Punkten kannst du zum nächsten Test übergehen.

Test 4 Grundlagen – Anteile/Prozente

Schwierigkeitsgrad

A1 Wandle die Brüche in Prozente um. (8)

a) $\frac{4}{10}$ ....

b) $\frac{3}{6}$ ....

c) $\frac{1}{5}$ ....

d) $\frac{36}{100}$ ....

e) $\frac{200}{100}$ ....

f) $\frac{3}{2}$ ....

g) $\frac{6}{8}$ ....

h) $\frac{1}{20}$ ....

A2 Wandle die Prozente in Brüche um. Kürze diese so weit wie möglich. (8)

a) 50 % ....

b) 34 % ....

c) 25 % ....

d) 20 % ....

e) 10 % ....

f) 75 % ....

g) 80 % ....

h) 5 % ....

A3 Schreibe die Dezimalzahlen als Prozent. (8)

a) 0,4 ....

b) 2,5 ....

c) 0,55 ....

d) 0,25 ....

e) 0,102 ....

f) 0,03 ....

g) 0,013 ....

h) 1,001 ....

oder: www.schuelerhilfe.de /gute-noten CODE 7949

bearbeitet am | zu erreichende Punktzahl: 24 | erreichte Punktzahl des Schülers

➡ Ab 19 erreichten Punkten kannst du zum nächsten Test übergehen.

Test 5 Grundlagen – Anteile/Prozente

Schwierigkeitsgrad

A1 **Gib die Brüche als Prozent an. Runde gegebenenfalls auf eine Nachkommastelle.** 8

a) $\frac{24}{25}$ ....
b) $\frac{13}{20}$ ....
c) $\frac{1}{3}$ ....
d) $\frac{1}{22}$ ....
e) $\frac{4}{13}$ ....
f) $\frac{8}{100}$ ....
g) $\frac{1}{8}$ ....
h) $\frac{125}{10}$ ....

A2 **Gib die Dezimalzahlen als Bruch an und bringe den Nenner auf 1000.** 8

a) 0,452 ....
b) 1,335 ....
c) 10 ....
d) 2,1001 ....
e) 0,42 ....
f) 0,001 ....
g) 0,025 ....
h) 0,602 ....

A3 **Fülle die Lücken in der Tabelle aus. Runde gegebenenfalls auf drei Nachkommastellen.** 10

	Dezimalzahl	Prozent	Bruch
a)		12,5 %	$\frac{1}{8}$
b)	2,12	212 %	
c)	0,217	21,74 %	
d)		23,53 %	$\frac{4}{17}$
e)	0,0025		$\frac{25}{10\,000}$

oder:
www.schuelerhilfe.de
/gute-noten
CODE 7949

bearbeitet am zu erreichende Punktzahl: 26 erreichte Punktzahl des Schülers

Ab 21 erreichten Punkten kannst du zum nächsten Test übergehen.

Test 6 Grundlagen – Anteile/Prozente

Schwierigkeitsgrad

A 1 **Wandle die Werte so um, dass du das Ergebnis in Prozenten angeben kannst. Runde gegebenenfalls auf zwei Nachkommastellen.** 8

a) $0{,}25 \cdot \frac{2}{4}$ ……

b) $1{,}35 \cdot \frac{3}{7}$ ……

c) $0{,}5 \cdot \frac{3}{5}$ ……

d) $2{,}4 \cdot \frac{1}{3}$ ……

e) $0{,}7 \cdot \frac{12}{21}$ ……

f) $0{,}05 \cdot \frac{9}{7}$ ……

g) $0{,}005 \cdot \frac{101}{3}$ ……

h) $5 \cdot \frac{12}{37}$ ……

A 2 **Schreibe die folgenden Prozente als Brüche und kürze diese so weit wie möglich.** 8

a) 63,2 % ……

b) 24,68 % ……

c) 12,01 % ……

d) 0,28 % ……

e) 132 % ……

f) 73,95 % ……

g) 13,5 % ……

h) 4,8 % ……

A 3 **Welche Zahl ist die größte?** 5

	Zahl 1	Zahl 2	Zahl 3
a)	0,45	39 %	$\frac{23}{50}$
b)	$\frac{19}{195}$	0,095	9,55 %
c)	144 %	1,43	$\frac{186}{137}$
d)	0,0037	3,7 %	$\frac{27}{7201}$
e)	$\frac{3973}{200}$	19,865 %	0,198 65

bearbeitet am ____ zu erreichende Punktzahl: 21 erreichte Punktzahl des Schülers ____

➡ Ab 17 erreichten Punkten kannst du zum nächsten Test übergehen.

Test 7 Prozentsätze

Schwierigkeitsgrad

A1 **Fülle die Lücken mit den angegebenen Wörtern. Achtung: du musst die Wörter in der richtigen Form einsetzen!** 20

p% = (G · 100) · P ▪ Prozentzahl ▪ Dreisatz ▪ Prozentwert ▪ vier ▪ Formel ▪ Prozentsatz ▪ zwei ▪ unterschiedlich ▪ Grundwert ▪ Prozent ▪ Euro ▪ gleich ▪ nächster ▪ p% = (P · 100) : G ▪ p% = (P · 100) · G

In der Prozentrechnung gibt es .... wichtige Begriffe. Der .... gibt an, wieviel grundsätzlich vorhanden ist. Er ist eine Art Relationswert. Der .... ist der Anteil am ...., der gerade zu betrachten ist. Er wird nicht in .... angegeben, sondern in der .... Einheit, wie der .... Der dritte wichtige Begriff ist der .... Er wird in .... angegeben und spricht für das Verhältnis zwischen .... und .... Er spiegelt also den Anteil des .... am .... in .... wider.
Den .... kann man auf .... verschiedenen Wegen berechnen. Entweder durch einen .... mit .... und Prozentwert, oder durch eine ....
Diese lautet: ....

A2 **Berechne die Prozentsätze mithilfe des Dreisatzes. Schreibe deine Rechnung in die Tabelle.** 20

a) P: 40 g, G: 100 g Prozentsatz: .... %

Schritt	Grundwert/Prozentwert	Prozent	Rechnung
1			
2			
3			

b) P: 5 €, G: 20 € Prozentsatz: .... %

Schritt	Grundwert/Prozentwert	Prozent	Rechnung
1			
2			
3			

bearbeitet am | zu erreichende Punktzahl: 40 | erreichte Punktzahl des Schülers

➨ Ab 32 erreichten Punkten kannst du zum nächsten Test übergehen.

Test 8 Prozentsätze

Schwierigkeitsgrad

A 1 **Berechne den Prozentsatz mithilfe des Dreisatzes. Runde, wenn nötig, auf zwei Nachkommastellen.** 50

a) P: 30 dl, G: 50 dl Prozentsatz: .... %

Schritt	Grundwert/Prozentwert	Prozent	Rechnung
1			
2			
3			

b) G: 800 cm, P: 110 cm Prozentsatz: .... %

Schritt	Grundwert/Prozentwert	Prozent	Rechnung
1			
2			
3			

c) P: 85 mg, G: 100 mg Prozentsatz: .... %

Schritt	Grundwert/Prozentwert	Prozent	Rechnung
1			
2			
3			

d) G: 170 cm, P: 160 cm Prozentsatz: .... %

Schritt	Grundwert/Prozentwert	Prozent	Rechnung
1			
2			
3			

e) G: 80 l, P: 25 l Prozentsatz: .... %

Schritt	Grundwert/Prozentwert	Prozent	Rechnung
1			
2			
3			

oder:
www.schuelerhilfe.de
/gute-noten
CODE 8700

bearbeitet am | zu erreichende Punktzahl: 50 | erreichte Punktzahl des Schülers

➡ Ab 40 erreichten Punkten kannst du zum nächsten Test übergehen.

Test 9 Prozentsätze

Schwierigkeitsgrad ■■■

A1 Berechne den Prozentsatz. Runde auf Einer-Stellen. 6

a) Grundwert: 275 €, Prozentwert: 300 € Antwort: ....

b) Grundwert: 60 g, Prozentwert 1,5 kg Antwort: ....

c) Grundwert: 90 cm, Prozentwert: 45,5 cm Antwort: ....

d) Grundwert: 127 dm, Prozentwert: 1280 cm Antwort: ....

e) Grundwert: 16,2 cm, Prozentwert: 3 mm Antwort: ....

f) Grundwert: 78 mm, Prozentwert: 1 m Antwort: ....

A2 Ulrike verdient bei ihrem Nebenjob 9,50 € die Stunde. Sie arbeitet jeden Monat 40 Stunden. 3

a) Wieviel verdient Ulrike im Monat?

Antwort: ....

b) Ulrike bekommt eine Gehaltserhöhung. Sie bekommt ab nächstem Monat 10 € pro Stunde. Wieviel verdient Ulrike jetzt im Monat?

Antwort: ....

c) Um wieviel Prozent hat sich Ulrikes Monatseinkommen gesteigert?

Antwort: ....

A3 Miriams Topfpflanze ist 2 cm groß und wächst am Tag 0,2 cm. Miriam ist 12 Tage lang im Urlaub. 3

a) Um wieviel Prozent ist Miriams Pflanze größer geworden?

Antwort: + ... %

b) Angenommen die Pflanze wuchs während Miriams Abwesenheit die ersten 6 Tage 0,2 cm am Tag und die zweiten 6 Tage 0,1 cm am Tag. Um wieviel Prozent ist die Pflanze dann größer geworden?

Antwort: + ... %

c) Miriam misst nach. Ihre Pflanze ist nach ihrem Urlaub 3,2 cm groß. Um wieviel Prozent ist die Pflanze tatsächlich größer geworden?

Antwort: + ... %

oder:
www.schuelerhilfe.de/gute-noten
CODE 8700

bearbeitet am | zu erreichende Punktzahl: 12 | erreichte Punktzahl des Schülers

➨ Ab 9 erreichten Punkten kannst du zum nächsten Test übergehen.

Test 10 Prozentsätze

Schwierigkeitsgrad

A1 Stelle die angegeben Brüche in Prozent dar. (Runde ggf. auf zwei Nachkommastellen.) 8

a) $\frac{1}{1}$ = ... %

b) $\frac{1}{2}$ = ... %

c) $\frac{1}{3}$ = ... %

d) $\frac{1}{4}$ = ... %

e) $\frac{1}{5}$ = ... %

f) $\frac{1}{6}$ = ... %

g) $\frac{1}{8}$ = ... %

h) $\frac{1}{10}$ = ... %

A2 Stelle die angegeben Dezimalzahlen in Prozent dar. 4

a) 0,15 = ... %

b) 0,05 = ... %

c) 0,2 = ... %

d) 0,001 = ... %

A3 Löse die folgenden Textaufgaben. 3

a) Ein Maurer bestellt 100 Ziegelsteine für die Fertigstellung einer Schulmauer bei einem örtlichen Hersteller. Bei der Ankunft der Lieferung stellt der Maurer jedoch fest, dass 12 Steine kaputt sind. Wie viel Steine sind, prozentual gesehen, kaputt?

Antwort: ....

b) Herr X. möchte ein Grundstück in der Nähe seines Geburtsorts kaufen, welches 150 000 € kostet. Durch den Verkauf seiner Stadtwohnung besitzt Herr X. schon 75 000 €. Wie viel muss Herr X., prozentual gesehen, noch zum Erwerb des Grundstücks beisteuern?

Antwort: ....

c) In einer großen Sporthalle turnen 50 Kinder an diversen Sportgeräten, von denen sich 2 verletzt haben. Wie viele Kinder haben sich, prozentual gesehen, verletzt?

Antwort: ....

bearbeitet am | zu erreichende Punktzahl: 15 | erreichte Punktzahl des Schülers

➡ Ab 12 erreichten Punkten kannst du zum nächsten Test übergehen.

Test 11 Prozentsätze

Schwierigkeitsgrad

A1 Stelle die angegeben Brüche in Prozent dar. (Runde ggf. auf zwei Nachkommastellen.) 8

a) $\frac{1}{9}$ = ... %

b) $\frac{1}{12}$ = ... %

c) $\frac{1}{15}$ = ... %

d) $\frac{1}{20}$ = ... %

e) $\frac{1}{25}$ = ... %

f) $\frac{1}{33}$ = ... %

g) $\frac{1}{50}$ = ... %

h) $\frac{1}{100}$ = ... %

A2 Stelle die angegeben Dezimalzahlen in Prozent dar. 4

a) 0,002 = ... %

b) 1,5 = ... %

c) 0,765 = ... %

d) 0,0002 = ... %

A3 Löse die folgenden Textaufgaben. (Runde ggf. auf zwei Nachkommastellen.) 3

a) Eine Firma überprüft stichprobenartig 350 verschiedene Glühbirnen auf ihre Qualität. Am Ende der Qualitätsüberprüfung fallen 75 Glühbirnen durch. Wie viel Prozent der Glühbirnen sind demnach kaputt gewesen?

Antwort: .... %

b) Im Rahmen einer Übersichtserstellung von allen Sparten in einem Sportverein wurden alle 500 Vereinsmitglieder gebeten einen Fragebogen auszufüllen. 445 Mitglieder haben den Fragebogen ausgefüllt zurückgeschickt. Wie viel Prozent der Vereinsmitglieder haben an der Umfrage nicht teilgenommen?

Antwort: .... %

c) Von den 445 Mitgliedern aus Aufgabe 3b haben 25 Personen angegeben, dass sie Inline-Hockey spielen, 200 spielen Fußball, 150 turnen, 40 spielen Volleyball und 30 haben keine Angabe gemacht. Wie viel Prozent der Mitglieder haben keine Angabe zur Sportaktivität abgegeben?

Antwort: .... %

oder:
www.schuelerhilfe.de
/gute-noten
CODE 8700

bearbeitet am | zu erreichende Punktzahl: 15 | erreichte Punktzahl des Schülers

➨ Ab 12 erreichten Punkten kannst du zum nächsten Test übergehen.

Test 12 Prozentsätze

Schwierigkeitsgrad

A1 **Ergänze die Tabelle. (Runde ggf. auf zwei Nachkommastellen.)** 14

	Bruchzahl	Dezimalzahl	Prozentzahl
a)	$\frac{\ }{4}$	0,75	75 %
b)	$\frac{2}{5}$		40 %
c)	$\frac{6}{7}$	0,86	
d)	$\frac{7}{9}$	0,78	
e)	$\frac{2}{1}$		200 %
f)	$\frac{\ }{3}$	0,333	33,3 %
g)	$\frac{\ }{100}$	1,2	120 %
h)	$\frac{3}{8}$		37,5 %
i)	$\frac{5}{4}$	1,25	
j)	$\frac{2}{3}$	0,667	
k)	$\frac{1}{15}$		6,67
l)	$\frac{\ }{7}$	0,57	57 %
m)	$\frac{\ }{2}$	2	200
n)	$\frac{8}{15}$	0,533	

A2 **Löse die folgenden Textaufgaben. (Runde ggf. auf zwei Nachkommastellen.)** 1

a) Beim allseits beliebten Drachenbootrennen starten im Durchschnitt 35 Teams. 2 von den 35 Teams haben professionelle Kanuten an Bord, 15 von 35 haben vorher noch nie ein Paddel in der Hand gehalten und alle Übrigen haben schon im vorherigen Jahr teilgenommen.
Wie viel Prozent machen die Unerfahren aus?

Antwort: .... %

oder:
www.schuelerhilfe.de/gute-noten
CODE 8700

bearbeitet am ______ zu erreichende Punktzahl: 15 erreichte Punktzahl des Schülers ______

➠ Ab 12 erreichten Punkten kannst du zum nächsten Test übergehen.

Test 13 Prozentwerte

Schwierigkeitsgrad

A1 **Berechne den Prozentwert mithilfe des Dreisatzes.** 6

a) G: 200, p%: 20 % P: ....

b) G: 1500, p%: 10 % P: ....

c) G: 500, p%: 5 % P: ....

d) G: 400, p%: 1 % P: ....

e) G: 200, p%: 80 % P: ....

f) G: 800, p%: 90 % P: ....

A2 **In einem Sportverein mit 200 Mitgliedern wird ein neuer Vorsitzender gewählt. Zur Wahl stehen 5 Personen: Max, Alfred, Jürgen, Gertrud und Heike. In der Tabelle ist dargestellt, wieviel Prozent der Stimmen die 5 jeweils bekommen haben.** 9

Max	Manfred	Gabriel	Gertrud	Gabi
20 %	5 %	15 %	20 %	10 %

a) Wievielen Stimmen entsprechen die Werte?

Max: .... Gertrud: .... Manfred: .... Gabi: .... Gabriel: ....

b) Wieviele Mitglieder haben keine Stimme angegeben?

Antwort: .... Mitglieder

c) Es kommt zu einer Stichwahl zwischen M.......... und G........... M.......... bekommt dabei 45 % der 200 möglichen Stimmen, G.......... bekommt 40 %. Wieviele Stimmen haben die beiden jeweils bekommen?

M.......... : .... Stimmen

G.......... : .... Stimmen

oder:
www.schuelerhilfe.de
/gute-noten
CODE 8943

bearbeitet am | zu erreichende Punktzahl: 15 | erreichte Punktzahl des Schülers

➨ Ab 12 erreichten Punkten kannst du zum nächsten Test übergehen.

Test 14 Prozentwerte

Schwierigkeitsgrad

A1 **Ein Laden veranstaltet einen Schlussverkauf. Er wirbt damit, dass es 30 % auf Elektroartikel, 15 % auf Nahrungsmittel und 20 % auf Kleidung gibt. Stimmen die angegebenen Werte? Berechne den richtigen Wert, falls nötig.** 9

a) Toaster:
vorher: 50 € ➨ jetzt: 35 €
☐ richtig
☐ falsch ➨ richtiger neuer Preis: .... €

b) T-Shirt:
vorher: 20 € ➨ jetzt: 18 €
☐ richtig
☐ falsch ➨ richtiger neuer Preis: .... €

c) Großer Kartoffelsack:
vorher: 200 cent ➨ jetzt: 170Cent
☐ richtig
☐ falsch ➨ richtiger neuer Preis: .... Cent

d) Fernseher:
vorher: 250 € ➨ jetzt: 175 €
☐ richtig
☐ falsch ➨ richtiger neuer Preis: .... €

e) Markenjeans:
vorher: 100 € ➨ jetzt: 85 €
☐ richtig
☐ falsch ➨ richtiger neuer Preis: .... €

f) Edler Kakao:
vorher: 10 € ➨ jetzt: 9 €
☐ richtig
☐ falsch ➨ richtiger neuer Preis: .... €

A2 **„20 % auf alles!". Berechne.** 9

a) alter Preis: 65 € ➨ neuer Preis: .... € 20 % entspricht .... €

b) alter Preis: 180 € ➨ neuer Preis: .... € 20 % entspricht .... €

c) alter Preis: 355 € ➨ neuer Preis: .... € 20 % entspricht .... €

d) alter Preis: 122 ➨ neuer Preis: .... € 20 % entspricht .... €

e) alter Preis: 95 € ➨ neuer Preis: .... € 20 % entspricht .... €

f) alter Preis: 290 € ➨ neuer Preis: .... € 20 % entspricht .... €

oder:
www.schuelerhilfe.de
/gute-noten
CODE 8943

bearbeitet am | zu erreichende Punktzahl: 18 | erreichte Punktzahl des Schülers

➨ Ab 14 erreichten Punkten kannst du zum nächsten Test übergehen.

Test 15 Prozentwerte

Schwierigkeitsgrad

A1 **Berechne die Prozentwerte. Runde auf zwei Nachkommastellen.** 6

a) 4,5 % von 136 km ➠ .... km

b) 193 % von 24 € ➠ .... €

c) 17,7 % von 78 cm ➠ .... cm

d) 123,5 % von 89 kg ➠ .... kg

e) 512 % von 35 Liter ➠ .... Liter

f) 40,9 % von 50 g ➠ .... g

A2 **Die Schüler der Klasse 7b veranstalten einen Flohmarkt. Jedes Kind darf ein paar Teile mitbringen, die es verkaufen möchte. Die Kinder erinnern sich noch an den ursprünglichen Preis ihrer Gegenstände und machen folgende Aussagen:** 4

Arthur: „Für meine Hotwheels habe ich damals 9,95 € bezahlt. Jetzt habe ich dafür 37,5 % weniger bekommen."

Alex: „Ich habe meine Carrerabahn letztens für 50,99 € im Laden gesehen. Für 21,3 % weniger konnte ich sie heute verkaufen."

Laura: „Ich habe für meine Babypuppe mit 2 Kleidern dazu 30,50 € bezahlt. Ich habe sie heute für 81,6 % dieses Preises verkaufen können."

Jana: „63,5 % des Ladenpreises habe ich für meine Legosteine bekommen. Ich musste noch 68 € dafür zahlen."

Wieviel Geld bekommen die Kinder jeweils für ihre Gegenstände? Runde auf zwei Nachkommastellen.

Arthur: .... €

Alex: .... €

Laura: .... €

Jana: .... €

oder:
www.schuelerhilfe.de
/gute-noten
CODE 8943

bearbeitet am | zu erreichende Punktzahl: 10 | erreichte Punktzahl des Schülers

➠ Ab 8 erreichten Punkten kannst du zum nächsten Test übergehen.

Test 16 Prozentwerte

Schwierigkeitsgrad

A 1 **Ermittle mit Hilfe des Dreisatzes den Prozentwert. (Runde auf ganze Zahlen)** 9

a)	15	....
	1	0,33
	100	33 %

b)	25	....
	1	0,48
	100	48 %

c)	30	....
	1	0,17
	100	17 %

d)	75	....
	1	0,31
	100	31 %

e)	60	....
	1	0,7
	100	70 %

f)	85	....
	1	0,84
	100	84 %

g)	99	....
	1	0,99
	100	99 %

h)	46	....
	1	0,02
	100	2 %

i)	12	....
	1	0,58
	100	58 %

bearbeitet am | zu erreichende Punktzahl: 9 | erreichte Punktzahl des Schülers

➨ Ab 7 erreichten Punkten kannst du zum nächsten Test übergehen.

Test 17 Prozentwerte

Schwierigkeitsgrad

A1 **Ermittle mit Hilfe der Formel P = (G:100) · p% den Prozentwert. (Runde ggf. auf zwei Nachkommastellen.)** 10

a) G = 400
p% = 7
Antwort: ....

b) G = 25
p% = 4
Antwort: ....

c) G = 100
p% = 75
Antwort: ....

d) G = 10
p% = 8,7
Antwort: ....

e) G = 85
p% = 39
Antwort: ....

f) G = 99
p% = 37
Antwort: ....

g) G = 64
p% = 155
Antwort: ....

h) G = 79
p% = 57
Antwort: ....

i) G = 55
p% = 155
Antwort: ....

j) G = 88
p% = 17
Antwort: ....

oder:
www.schuelerhilfe.de
/gute-noten
CODE 8943

bearbeitet am | zu erreichende Punktzahl: 10 | erreichte Punktzahl des Schülers

➨ Ab 8 erreichten Punkten kannst du zum nächsten Test übergehen.

Test 18 Prozentwerte

Schwierigkeitsgrad

A1 Berechne den Prozentwert. (Runde ggf. auf zwei Nachkommastellen.) 6

a) 19 % von 98

Antwort: ....

b) 55 % von 74

Antwort: ....

c) 82,1 % von 47

Antwort: ....

d) 13,5 % von 15

Antwort: ....

e) 9,6 % von 24

Antwort: ....

f) 39,7 % von 65

Antwort: ....

A2 Ermittle mit Hilfe des Dreisatzes den Prozentsatz. (Runde ggf. auf zwei Nachkommastellen.) 2

a)	15	5
	1	....
	100	....

b)	25	12
	1	....
	100	....

c)	30	5
	1	....
	100	....

A3 Löse die Textaufgabe. 6

In der Fußballmannschaft wurde ein neuer Kapitän gewählt. Es gibt insgesamt 20 Teammitglieder. Bestimme die Anzahl der Stimmen, die die einzelnen Spieler erhalten haben.

Spielername	Tim	Axel	Hans	Herbert	Lukas	Kilian
Prozentsatz	15 %	25 %	10 %	5 %	35 %	10 %
Anzahl						

oder:
www.schuelerhilfe.de
/gute-noten
CODE 8943

bearbeitet am ____ zu erreichende Punktzahl: 14 erreichte Punktzahl des Schülers ____

➡ Ab 11 erreichten Punkten kannst du zum nächsten Test übergehen.

Test 19 Grundwerte

Schwierigkeitsgrad

A1 Berechne den Grundwert.

6

a) 20 € entsprechen 10 % ➡ Grundwert: .... €

b) 5 kg entsprechen 5 % ➡ Grundwert: .... kg

c) 1 m entspricht 1 % ➡ Grundwert: .... m

d) 10 Liter entsprechen 50 % ➡ Grundwert: .... Liter

e) 90 mm entsprechen 90 % ➡ Grundwert: .... mm

f) 15 g entsprechen 25 % ➡ Grundwert: .... g

A2 Alle Mitarbeiter des Unternehmens Superfirma bekommen eine Gehaltserhöhung von 10 %. Wieviel Geld bekamen die Mitarbeiter vorher? Wieviel Gehalt bekommen sie nach der Gehaltserhöhung?

12

a) Jürgen bekommt 200 € mehr.

Früheres Gehalt: .... € Neues Gehalt: .... €

b) Jasmin bekommt 50 € mehr.

Früheres Gehalt: .... € Neues Gehalt: .... €

c) Margaret bekommt 150 € mehr.

Früheres Gehalt: .... € Neues Gehalt: .... €

d) Marius ist als Aushilfe angestellt. Er bekommt dadurch nur 10 € mehr.

Früheres Gehalt: .... € Neues Gehalt: .... €

e) Anita bekommt 100 € mehr.

Früheres Gehalt: .... € Neues Gehalt: .... €

oder:
www.schuelerhilfe.de
/gute-noten
CODE 7942

bearbeitet am | zu erreichende Punktzahl: 18 | erreichte Punktzahl des Schülers

➡ Ab 14 erreichten Punkten kannst du zum nächsten Test übergehen.

Test 20 Grundwerte

Schwierigkeitsgrad

A1 **Berechne den Grundwert.** 6

a) 7 % entsprechen 49Liter ➨ Grundwert: .... Liter

b) 30 % entsprechen 6 kg ➨ Grundwert: .... kg

c) 12 % entsprechen 48 cm ➨ Grundwert: .... cm

d) 99 % entsprechen 198 mm ➨ Grundwert: .... mm

e) 71 % entsprechen 213 g ➨ Grundwert: .... g

f) 51 % entsprechen 20,4 € ➨ Grundwert: .... €

A2 **Stefan und Christine gehen gemeinsam einkaufen. Der Laden hat Schlussverkauf, daher bekommen sie einige Artikel reduziert.** 20

	Gespartes Geld:	% reduziert um
Hose:	7 €	4 %
Bluse:	14 €	12 %
Hemd:	8 €	7 %
Schal:	4 €	11 %
Socken:	2 €	8 %
Pullover:	13 €	16 %

a) Wieviel haben die Artikel ursprünglich gekostet? Wieviel haben Stefan und Christine dafür ausgegeben? Runde auf zwei Nachkommastellen.

Artikel	Ursprünglicher Preis	Neuer Preis

b) Wieviel haben Stefan und Christine insgesamt in € gespart.

Antwort: .... €

bearbeitet am | zu erreichende Punktzahl: 26 | erreichte Punktzahl des Schülers

➨ Ab 20 erreichten Punkten kannst du zum nächsten Test übergehen.

Test 21 Grundwerte

Schwierigkeitsgrad

A 1 Berechne den Grundwert. Runde auf zwei Nachkommastellen. Gib diese in der zweiten angegebenen Einheit an. 12

a) 17,8 % entsprechen 134,4 m. ➨ Grundwert: .... m .... cm

b) 167 % entsprechen 23,6 kg. ➨ Grundwert: .... kg .... g

c) 101,1 % entsprechen 862 dm. ➨ Grundwert: .... dm .... mm

d) 254 % entsprechen 46 €. ➨ Grundwert: .... € .... Cent

e) 431 % entsprechen 22t. ➨ Grundwert: .... t .... kg

(hier musst du auf 3 Nachkommastellen runden)

f) 69,4 % entsprechen 37 km. ➨ Grundwert: .... km .... m

(hier musst du auf 3 Nachkommastellen runden)

A 2 Ein Unternehmen baut ein neues Hotel. Bisher sind 17 % der Betten aufgestellt. Das entspricht in der Realität 3 Vierbettzimmern, 6 Dreibettzimmern und 2 Zweibettzimmern. 5

a) Wieviele Betten wird das Hotel insgesamt haben?

Antwort: .... Betten

b) Es sollen noch 21 Zweibettzimmer gebaut werden, aber keine Dreibettzimmer mehr hinzukommen. Wieviele Vierbettzimmer muss es dann noch geben?

Antwort: .... Vierbettzimmer

c) Ein zweites Hotel wird gebaut. Im Vergleich zum zweiten Hotel beträgt die Zimmeranzahl im ersten Hotel −46 % Zweibettzimmer, −12 % Dreibettzimmer und −8,5 % Vierbettzimmer. Wieviele Zimmer der einzelnen Kategorien hat das zweite Hotel?

Zweibettzimmer: ....

Dreibettzimmer: ....

Vierbettzimmer: ....

oder:
www.schuelerhilfe.de
/gute-noten
CODE 7942

bearbeitet am | zu erreichende Punktzahl: 17 | erreichte Punktzahl des Schülers

➨ Ab 13 erreichten Punkten kannst du zum nächsten Test übergehen.

Test 22 Grundwerte

Schwierigkeitsgrad

A1 Berechne jeweils den Grundwert. 5

a) P = 100 € p% = 10 %

b) P = 10 kg p% = 20 %

c) P = 200 g p% = 20 %

d) P = 15 g p% = 30 %

e) P = 400 € p% = 20 %

A2 Ordne die Grundwerte nach Größe (absteigend). Schreibe dazu 1., 2., ... 5

a) P = 1000 p% = 5 %

b) P = 100 p% = 1 %

c) P = 1500 p% = 20 %

d) P = 100 p% = 0,1 %

e) P = 4000 p% = 5 %

A3 Löse die folgenden Textaufgaben. 3

a) Felix hat 20 % seines Taschengeldes gespart. Das entspricht 10 €. Wie viel Taschengeld bekommt er?

b) Lucas hat 30 % der Erdbeeren gegessen, die seine Mutter gekauft hatte. Er hat insgesamt 450 g Erdbeeren gegessen. Wie viel Gramm Erdbeeren hat seine Mutter gekauft?

c) Jan gibt für Süßigkeiten 80 % seines Taschengeldes aus, das entspricht 32 €. Wie viel Geld bekommt Jan?

bearbeitet am | zu erreichende Punktzahl: 13 | erreichte Punktzahl des Schülers

➡ Ab 10 erreichten Punkten kannst du zum nächsten Test übergehen.

Test 23 Grundwerte

Schwierigkeitsgrad

A1 **Berechne jeweils den Grundwert.** 5

a) P = 250 € p% = 2 % ....

b) P = 22 m p% = 11 % ....

c) P = 34 g p% = 1,7 % ....

d) P = 125 g p% = 2,5 % ....

e) P = 1,23 € p% = 1 % ....

A2 **Überprüfe, ob richtig gerechnet wurde.** 5

a) P = 1782,5 p% = 23 % G = 7750 ....

b) P = 678,5 p% = 55 % G = 1250 ....

c) P = 301,5 p% = 45 % G = 670 ....

d) P = 37,5 p% = 5 % G = 7500 ....

e) P = 16,6 p% = 3 % G = 560 ....

A3 **Lena benötigt für 40 Tage einen Sack Futter für ihre Katze. Sie bekommt täglich 80 Gramm Futter.** 2

a) Wie viel Futter befindet sich in einem Sack?

....

b) Lena stellt auf eine andere Futtersorte um. Die Menge, die sie verfüttert bleibt gleich und entspricht 2 % einer Packung. Wie viel ist in einem Sack?

....

oder:
www.schuelerhilfe.de
/gute-noten
CODE 7942

bearbeitet am ______ zu erreichende Punktzahl: 12 erreichte Punktzahl des Schülers ______

➠ Ab 10 erreichten Punkten kannst du zum nächsten Test übergehen.

Test 24 Grundwerte

Schwierigkeitsgrad ■■■

A1 Ein Zoohandel hat zwei verschiedene Angebote für das gleiche Katzenfutter: 5

1. Der Preis bleibt bei 3,99 €, allerdings erhöht sich die Futtermenge der Packung auf 20 %. Er enthält insgesamt 660 Gramm.
2. Die Futtermenge bleibt unverändert, dafür erhält man auf jede Packung 18 % Rabatt.

a) Berechne, wie viel Futter in einer originalen Packung enthalten ist.

....

b) Wie viel kosten 100 Gramm Futter bei Angebot 1?

....

c) Wie viel kostet eine Packung bei Angebot 2?

....

d) Wie viel kosten 100 g Futter bei Angebot 2?

....

e) Welches Angebot ist günstiger?

....

A2 Berechne jeweils den Grundwert. 4

a)	P = 20 400	p% = 136 %
b)	P = 660,45	p% = 85 %
c)	P = 2,27	p% = 0,5 %
d)	P = 5544	p% = 63 %

A3 Löse die folgenden Textaufgaben. 2

a) Lea hat heute 23 € ausgegeben. Das entspricht 11,5 % des Geldes, das ihre Oma ihr zum Geburtstag geschenkt hat. Wie viel Geld hat Lena von ihrer Oma bekommen?

....

b) Felix spart seit 2 Jahren 10 % seines monatlichen Taschengeldes. Inzwischen hat er 180 € gespart. Wie viel Taschengeld bekommt er pro Monat?

....

bearbeitet am | zu erreichende Punktzahl: 11 | erreichte Punktzahl des Schülers

➠ Ab 9 erreichten Punkten kannst du zum nächsten Test übergehen.

Test 25 Darstellung in Diagrammen

Schwierigkeitsgrad

A1 **Wie viel Prozent der Figur sind gefärbt?** 4

a)

Lösung = ... %

b)

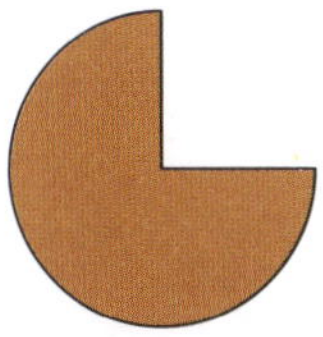

Lösung = ... %

c)

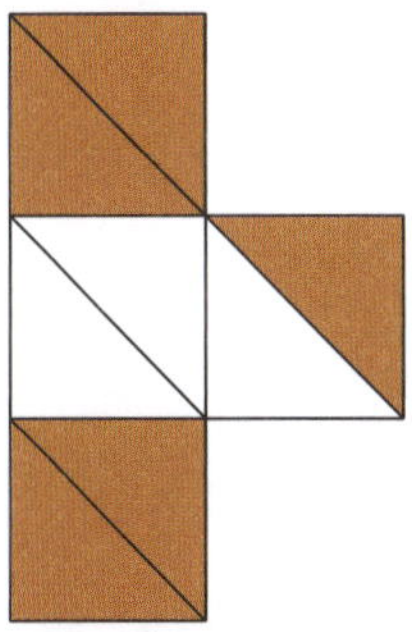

Lösung = ... %

d)

Lösung = ... %

A2 **Markiere den angegeben Anteil der Figuren mit einem x.** 2

a) 10 %

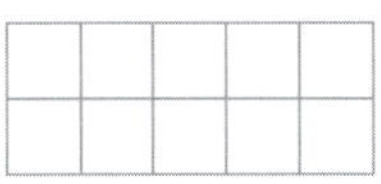

b) 25 %

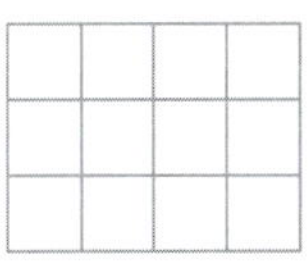

oder:
www.schuelerhilfe.de
/gute-noten
CODE 1963

bearbeitet am | zu erreichende Punktzahl: 6 | erreichte Punktzahl des Schülers

➨ Ab 5 erreichten Punkten kannst du zum nächsten Test übergehen.

Test 26 Darstellung in Diagrammen

Schwierigkeitsgrad

A1 Wie viel Prozent der Figur sind gefärbt? 2

a)

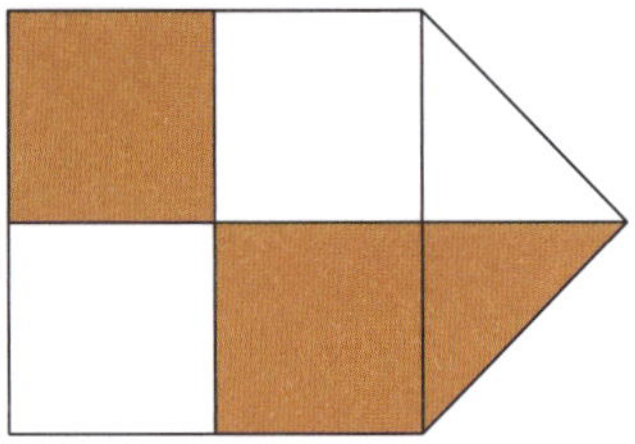

Lösung = ... %

b)

Lösung = ... %

A2 In einer Schulklasse wurden die Kinder nach ihren Hobbys gefragt. Das Diagramm veranschaulicht die Verteilung der Hobbys. Bestimme wie viel Prozent der Kinder welches Hobby haben. Runde auf zwei Nachkommastellen. 4

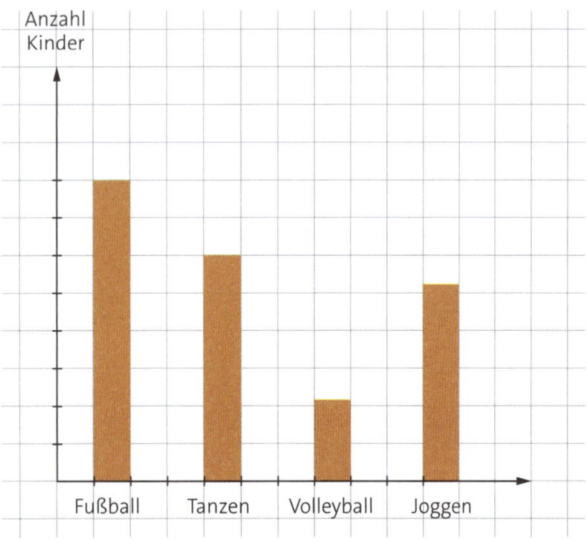

Fußball: .... %

Tanzen: .... %

Volleyball: .... %

Joggen: .... %

bearbeitet am | zu erreichende Punktzahl: 6 | erreichte Punktzahl des Schülers

➡ Ab 5 erreichten Punkten kannst du zum nächsten Test übergehen.

Test 27 Darstellung in Diagrammen

Schwierigkeitsgrad

A1 **Wie viel Prozent der Figur sind gefärbt? Runde auf zwei Nachkommastellen.** 2

a)

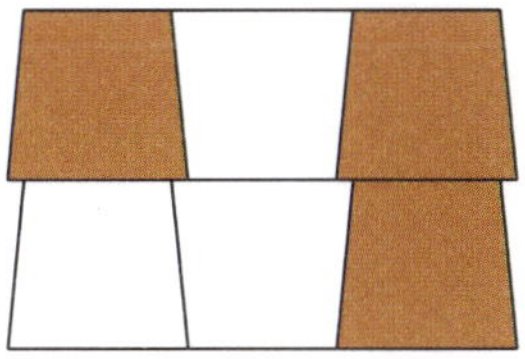

Lösung = ... %

b)

Lösung = ... %

A2 **Markiere den gegebenen Anteil der Figuren mit einem x.**
(x = ganzes Kästchen, I = halbes Kästchen) 2

a) 30 %

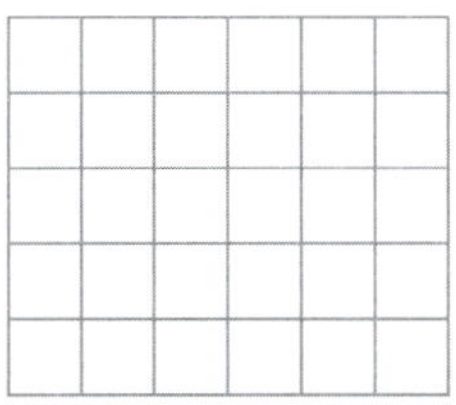

b) 25 %

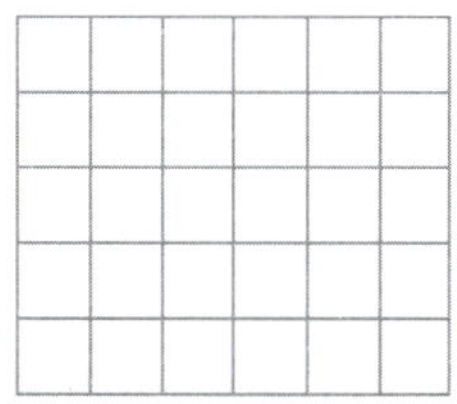

A3 **In einer Schule werden die Kinder nach ihrem Lieblingsobst gefragt. Die Ergebnisse sind in dem Diagramm dargestellt. Lese die Prozentanzahl aus dem Graphen heraus und trage sie ein.** 5

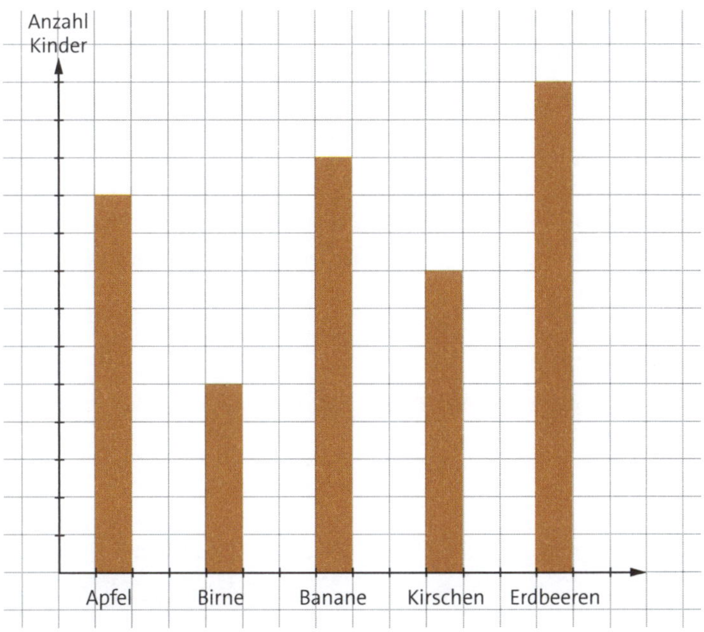

Apfel: .... %

Birne: .... %

Banane: .... %

Kirschen: .... %

Erdbeeren: .... %

oder:
www.schuelerhilfe.de
/gute-noten
CODE 1963

bearbeitet am | zu erreichende Punktzahl: 9 | erreichte Punktzahl des Schülers

➡ Ab 7 erreichten Punkten kannst du zum nächsten Test übergehen.

Test 28 Darstellung in Diagrammen

Schwierigkeitsgrad

A1 Wie viel Prozent der Figur sind gefärbt? 4

a)

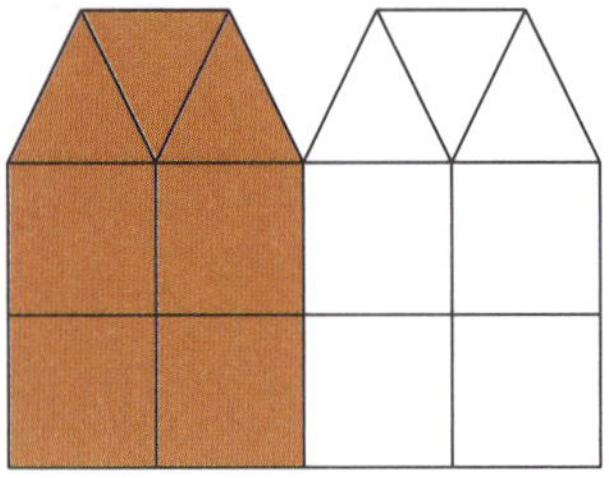

Lösung = ... %

b)

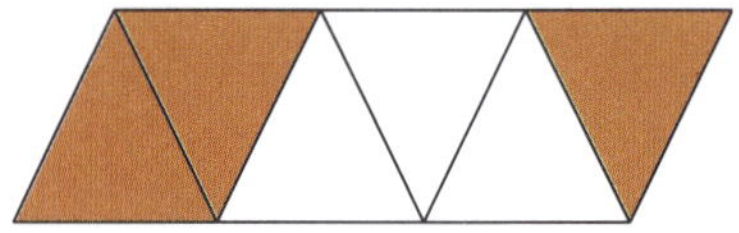

Lösung = ... %

c)

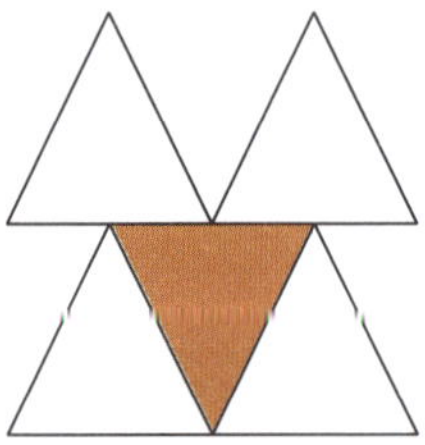

Lösung = ... %

d)

Lösung = ... %

A2 Beantworte die folgenden Fragen mithilfe des Diagramms 8

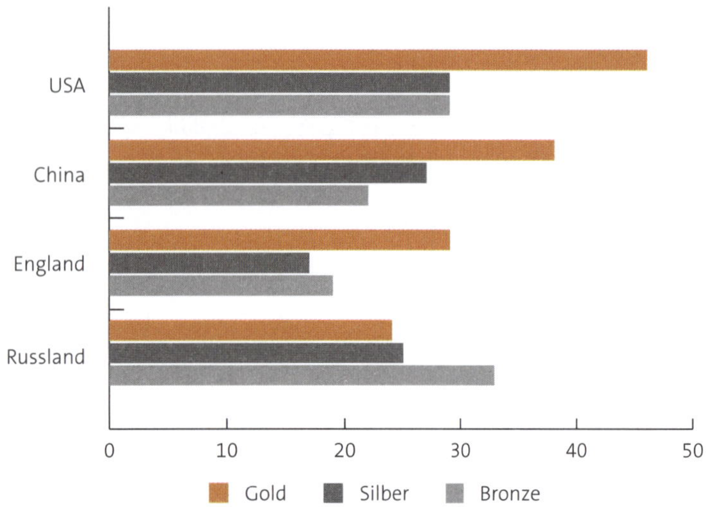

Das obige Diagramm fasst die Anzahl der Medaillen zusammen, die jedes Land bei den Olympischen Spielen 2012 in London gewonnen hat.

a) Welches Land hat die wenigsten Silbermedaillen gewonnen?

....

b) Wie viele Bronzemedaillen hat Großbritannien gewonnen?

....

c) Welches Land hat so viele Bronzemedaillen wie Silber gewonnen?

....

d) Wie viele Goldmedaillen hat Russland gewonnen? ....

e) Welches Land hat insgesamt 87 Medaillen gewonnen? ....

f) Aus welchem Jahr stammt dieses Diagramm? ....

g) Für welchen Anlass wurde dieses Diagramm erstellt? ....

h) Wie viele Goldmedaillen hat England gewonnen? ....

oder: www.schuelerhilfe.de/gute-noten
CODE 1963

bearbeitet am | zu erreichende Punktzahl: 12 | erreichte Punktzahl des Schülers

➡ Ab 9 erreichten Punkten kannst du zum nächsten Test übergehen.

Test 29 Darstellung in Diagrammen

Schwierigkeitsgrad

A1 **Wie viel Prozent der Figuren wurden gefärbt?** 4

a)
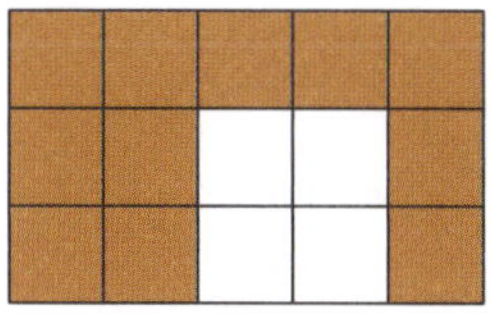

Lösung = ... %

b)

Lösung = ... %

c)
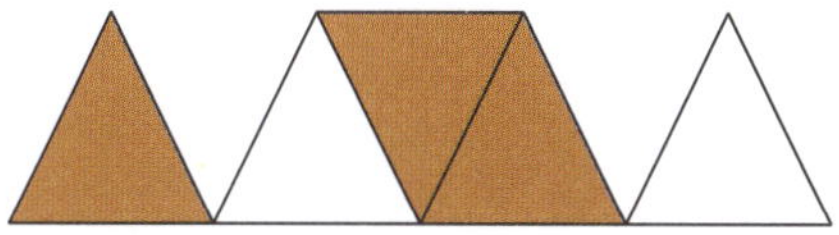

Lösung = ... %

d)

Lösung = ... %

A2 **Wie viel Prozent der Figuren wurden gefärbt? Unterstreiche die richtige Lösung!** 5

a) 20 % 30 % 50 %

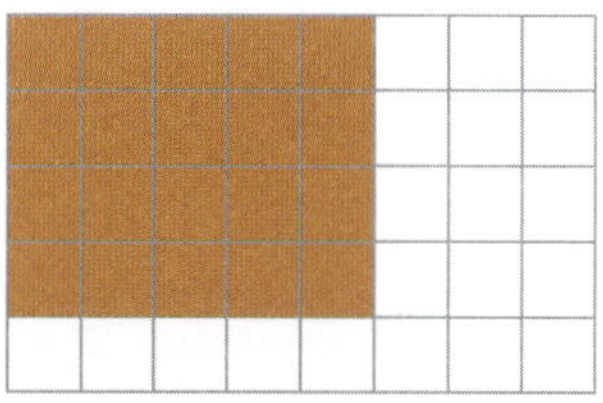

b) 24 % 40 % 60 %

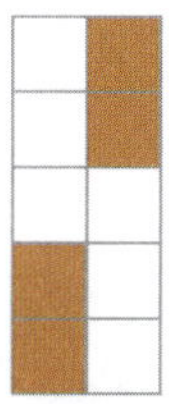

c) 44,44 % 58 % 70 %

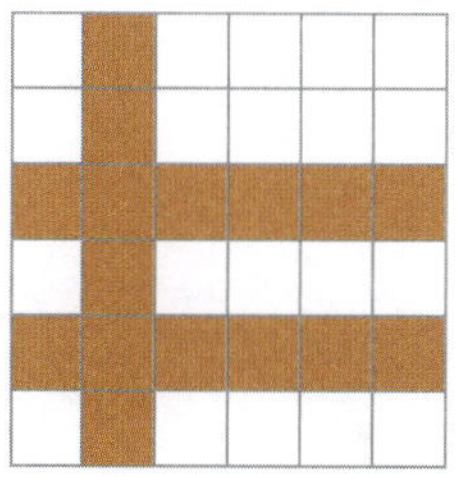

d) 28 % 39 % 48 %

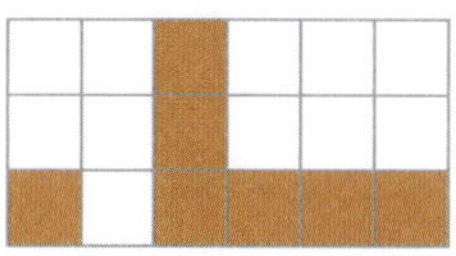

e) 44,44 % 90 % 70 %

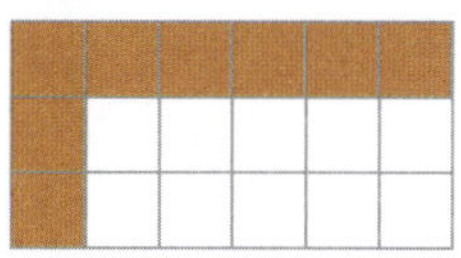

A3 **In einer Befragung wurden Studenten eines Fachbereichs befragt, wo sie ihr Auslandssemester machen wollten: Beantworte die Fragen mithilfe des Diagramms.** 3

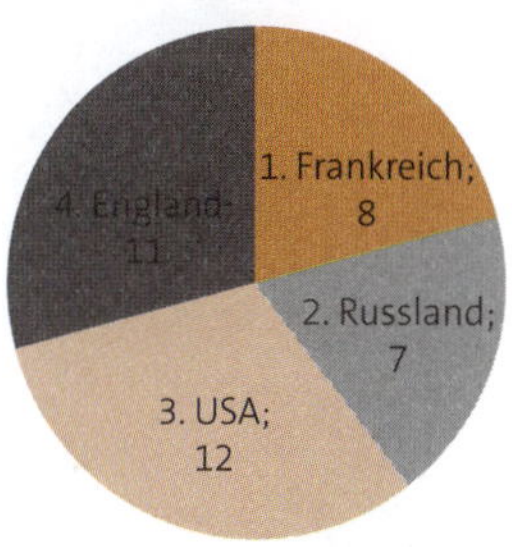

a) Wie viel Studenten wurden befragt?

....

b) Wie viel Prozent der Studenten möchten nach Frankreich reisen?

....

c) Wie viel Prozent der Studenten wollen nach Russland reisen?

....

oder:
www.schuelerhilfe.de/gute-noten
CODE 1963

bearbeitet am | zu erreichende Punktzahl: 12 | erreichte Punktzahl des Schülers

➡ Ab 9 erreichten Punkten kannst du zum nächsten Test übergehen.

Test 30 Darstellung in Diagrammen

Schwierigkeitsgrad

A1 **In der u.a. Darstellung werden die Verkäufe von drei Produkten in den letzten vier Monaten dargestellt. Beantworte die folgenden Fragen zum Diagramm.** 6

Verkäufe der letzten vier Monate

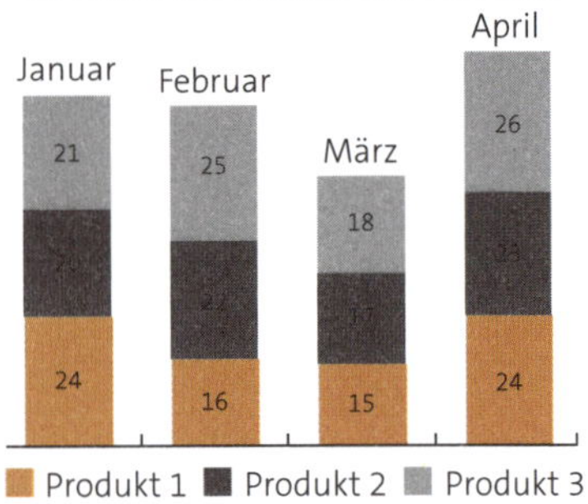

a) Welches Produkt wurde am meisten im Januar verkauft?

b) Wie viele Artikel vom Produkt 2 wurden insgesamt verkauft?

c) Welches Produkt wurde am wenigsten im Februar verkauft?

d) Welches Produkt wurde am meisten verkauft?

e) Welches Produkt wurde am wenigsten im April verkauft?

f) Betrachte Produkt 2. Wieviel Prozent wurde im März verkauft?

A2 **Wieviel Prozent der Figuren wurden gefärbt? Unterstreiche die richtigen Antworten.** 6

a) 25 % 35 % 20 %

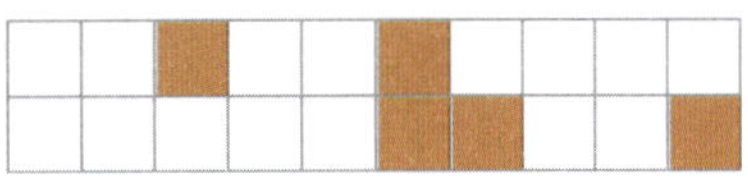

b) 20 % 35 % 33 %

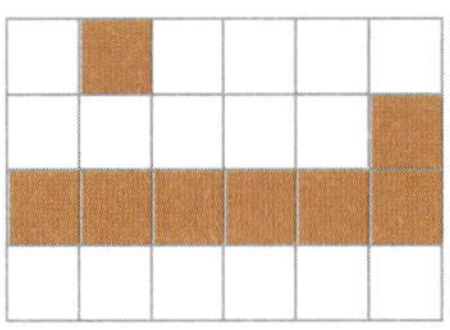

c) 47 % 50 % 45 %

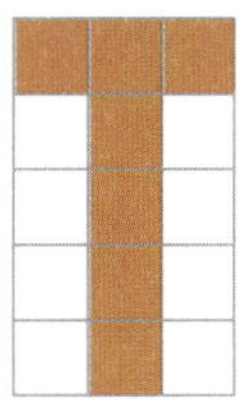

d) 28 % 24 % 25 %

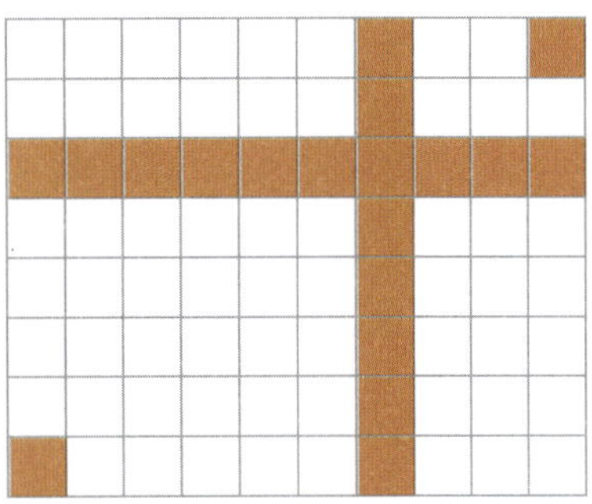

e) 50 % 20 % 30 %

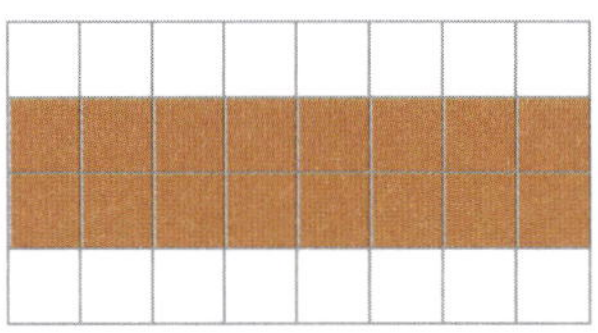

f) 30 % 50 % 40 %

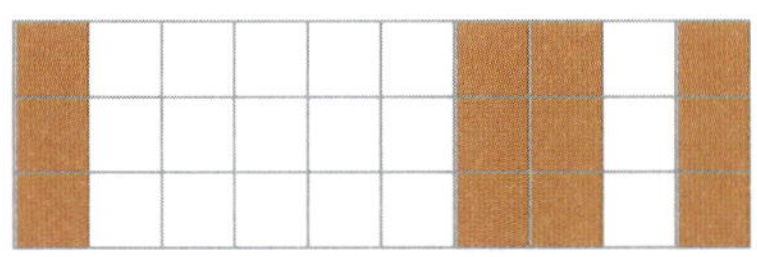

oder:
www.schuelerhilfe.de
/gute-noten
CODE 1963

bearbeitet am | zu erreichende Punktzahl: 12 | erreichte Punktzahl des Schülers

Ab 9 erreichten Punkten kannst du zum nächsten Test übergehen.

Test 31 Textaufgaben zur Prozentrechnung

Schwierigkeitsgrad

A1 Wegen einer Umleitung muss Frau Meier nun 6 km mehr zur Arbeit fahren. Ihre Strecke beträgt nun 34 km. 2

a) Wie lang war die Strecke vorher?

b) Um wie viel Prozent ist die Strecke länger geworden?

A2 Franziska hat während ihres Urlaubs Fotos gemacht. Jedes Foto ist 2 MB groß und ihre Speicherkarte der Kamera hat einen Speicher von 2 GB (Rechne: 1 GB = 1.000 MB). 3

a) Wie viele Fotos kann Franziska während ihres Urlaubs machen?

b) Nach dem Urlaub erzählt Franziska ihren Eltern, dass ihre Speicherkarte zu 60 % voll ist. Wie viele Fotos hat Franziska gemacht?

c) Für ihren nächsten Urlaub hat Franziska die Qualität ihrer Fotos erhöht und jedes Foto braucht nun 5 MB. Wie viele Fotos kann sie noch machen, wenn der Speicher schon zu 30 % belegt war?

A3 Ein Boxer möchte abnehmen, damit er in einer anderen Gewichtsklasse antreten kann. Er wiegt 120 kg und beginnt seine Diät. 4

a) Nach einem Monat hat der Boxer bereits 15 % seines Körpergewichts abgenommen. Wie schwer ist er jetzt?

b) Einen Monat später hat er erneut 15 % abgenommen. Wie viel wiegt der Boxer nun?

c) Er muss in einem Monat 84 kg wiegen um in seiner angestrebten Gewichtsklasse boxen zu können. Wie viel muss der Boxer im nächsten Monat noch abnehmen?

d) Wie viel Prozent hat der Boxer dann insgesamt abgenommen?

bearbeitet am | zu erreichende Punktzahl: 9 | erreichte Punktzahl des Schülers

Ab 7 erreichten Punkten kannst du zum nächsten Test übergehen.

Test 32 Textaufgaben zur Prozentrechnung

Schwierigkeitsgrad

A1 Nils sollte im Sportunterricht bei einem Basketballspiel die Wurfversuche und verwandelten Würfe notieren und in einer Tabelle zusammenfassen. 12

	Verwandelte Würfe	Wurfversuche	Trefferquote
Spieler 1	6	8	
Spieler 2	1	3	
Spieler 3	3	6	
Spieler 4	0	1	
Spieler 5	2	5	
Spieler 6	6	10	
Spieler 7	1	2	
Spieler 8	3	4	
Spieler 9	2	3	
Spieler 10	0	7	

a) Berechne die Trefferquote der Spieler. ....

b) Welcher Spieler hatte die beste Trefferquote ....

c) Was ist die durchschnittliche Trefferquote der Klasse? ....

A2 Bei einer Umfrage in einer Stadt wurden 8.000 Stimmzettel ausgeteilt, davon wurden 6240 zurückgegeben. 4.400 haben bei dieser Umfrage mit „Ja" abgestimmt, der Rest haben mit „Nein" abgestimmt. 4

a) Wie viel Prozent haben sich an der Umfrage beteiligt?

....

b) Wie viel Prozent der gesamten verteilten Stimmzettel waren mit „Ja" beantwortet? Wie viel Prozent mit „Nein"?

....

c) Wie ist das Verhältnis zwischen „Ja" und „Nein" Stimmzetteln?

....

A3 Philipp hat im letzten Jahr 7 % seines Gewichtes abtrainiert und drei Monate später nochmal 10 %. Er wiegt nun 75,33 kg 2

a) Wie viel wog Philipp vor der zweiten Gewichtsabnahme? ....

b) Wie viel wog Philipp am Anfang? ....

oder:
www.schuelerhilfe.de
/gute-noten
CODE 8759

bearbeitet am | zu erreichende Punktzahl: 18 | erreichte Punktzahl des Schülers

➡ Ab 14 erreichten Punkten kannst du zum nächsten Test übergehen.

Test 33 Textaufgaben zur Prozentrechnung

Schwierigkeitsgrad

A1 In einer Firma soll das Gehalt angehoben werden und die Arbeiter können aus drei Vorschlägen auswählen.

8

Vorschlag 1:	Vorschlag 2:	Vorschlag 3:
Das Gehalt wird um 120 Euro angehoben.	Das Gehalt wird um 3,75 % angehoben.	Das Gehalt wird um 2,75 % angehoben und zusätzlich gibt es 30 Euro mehr.

a) Mitarbeiter 1 verdient monatlich 2.000 Euro. Rechne nach wie viel er mit jedem Vorschlag verdient. Welchen Vorschlag sollte der Mitarbeiter nehmen?

b) Mitarbeiter 2 verdient im Monat 3.000 Euro. Wie viel verdient Mitarbeiter 2 mit den neuen Tarifen. Soll er den gleichen Vorschlag wie Mitarbeiter 1 nehmen?

A2 Eine Schokoladenfabrik erhöht den Preis einer Tafel Schokolade zunächst um 10 % und dann um 5 %.

2

a) Wie teuer ist nun eine Tafel, die vor der ersten Preiserhöhung 1,10 Euro gekostet hat?

b) Bei der zweiten Preiserhöhung wurde eine andere Schokoladensorte um 8 Cent teurer. Wie teuer war die Schokolade vor der zweiten Erhöhung?

A3 In einem Unternehmen arbeiten 285 Mitarbeiter. Das Unternehmen hat die Mitarbeiter befragt und die Ergebnisse gesammelt. (Runde auf zwei Nachkommastellen)

3

a) 40 % der Mitarbeiter kommen von auswärts. Wie viele Mitarbeiter sind das?

b) Von den 285 Mitarbeitern, arbeiten 210 in der Fertigung. Wie viel Prozent sind das?

c) Von den auswärts kommenden Mitarbeitern fahren 80 % mit dem Auto zur Arbeit. Wie viele Mitarbeiter sind das?

oder:
www.schuelerhilfe.de
/gute-noten
CODE 8759

bearbeitet am | zu erreichende Punktzahl: 13 | erreichte Punktzahl des Schülers

➨ Ab 10 erreichten Punkten kannst du zum nächsten Test übergehen.

Test 34 Textaufgaben zur Prozentrechnung

Schwierigkeitsgrad

A 1 **Felix, Sven und Lennart fahren in den Urlaub. Die Reise hat insgesamt 1260 € gekostet. Sie mussten 10 % des Preises bereits bei der Buchung anzahlen. 40 % 4 Wochen vor Reisebeginn und den Rest eine Woche vor Reisebeginn.** 4

a) Wie viel mussten sie bei der Buchung zusammen anzahlen?

b) Wie viel musste jeder einzeln 4 Wochen vor Reisebeginn bezahlen?

c) Wie viel Prozent der Reise zahlen sie erst eine Woche vor Reisebeginn?

d) Wieviel musste jeder einzeln 1 Woche vor Reisebeginn noch bezahlen?

A 2 **Die Klasse 7b macht einen Ausflug in den Zoo. Es sind insgesamt 20 Personen und der Eintritt hat zusammen 240 € gekostet. Jede Person musste gleich viel bezahlen. Außerdem hat jede Person im Schnitt zusätzlich 50 % des Eintritts im Zoo ausgegeben.** 4

a) Wie viel Prozent des Eintritts muss jede Person bezahlen?

b) Wie viel muss jede Person für den Eintritt bezahlen?

c) Wie viel gibt jede Person zusätzlich im Zoo ausgegeben?

d) Der Zoo spendet 10 % der Einnahmen für Tiere in Not. Wie viel Geld konnte der Zoo durch den Besuch der 7b spenden?

A 3 **Ein Kaufhaus hat eine Rabattaktion und jedes Teil wird um 15 % reduziert. Berechne den neuen Preis der folgenden Artikel:** 3

a) Ein T-Shirt für 20 €

b) Eine Hose für 40 €

c) Ein Kleid für 30 €

bearbeitet am | zu erreichende Punktzahl: 11 | erreichte Punktzahl des Schülers

➨ Ab 9 erreichten Punkten kannst du zum nächsten Test übergehen.

Test 35 Textaufgaben zur Prozentrechnung

Schwierigkeitsgrad

A 1 **Max bekommt jeden Monat 45 € Taschengeld pro Monat. 10 % seines Geldes spart er für seinen Führerschein und 20 % gibt er für Essen aus. Er möchte sich nach 4 Monaten ein Playstation-Spiel für 54 € kaufen.** (3)

a) Wie viel Geld spart Max in einem Jahr für seinen Führerschein?

b) Wie viel Geld gibt er pro Monat für Essen aus?

c) Wie viel Prozent seines Taschengeldes muss er pro Monat sparen, um sich das Playstation-Spiel nach 4 Monaten kaufen zu können?

A 2 **Löse die folgenden Aufgaben.** (3)

a) Jens sagt, dass er für Essen monatlich 15 € ausgibt. Dies entspricht 30 % seines Taschengeldes. Wie viel Taschengeld bekommt er?

b) Familie Müller verbraucht pro Monat 5000 Liter Wasser. 625 Liter davon werden für die Blumen um Garten verbraucht. Wie viel Prozent entspricht das?

c) Herr Meier bezahlt 35 % seines Nettoeinkommens für die Miete seiner Wohnung. Die Miete beträgt 700 €. Wie viel verdient er?

A 3 **Die Freundinnen Lena, Jana und Marie sparen jeweils für einen Urlaub. Lena spart 30 % von ihren 100 € Taschengeld. Jana spart 35 € und bekommt monatlich 140 €. Marie erhält spart 36 € und dies entspricht 40 % ihres Taschengeldes.** (4)

a) Wie viel Taschengeld bekommt Marie?

b) Wer spart prozentual am wenigsten?

c) Wie viel können sie zusammen innerhalb eines Jahres sparen?

d) Können sie sich nach einem Jahr einen Urlaub für insgesamt 1400 € leisten, wenn jeder 5 % mehr spart? Wie viel Geld haben sie dann insgesamt?

bearbeitet am | zu erreichende Punktzahl: 10 | erreichte Punktzahl des Schülers

➡ Ab 8 erreichten Punkten kannst du zum nächsten Test übergehen.

Test 36 Textaufgaben zur Prozentrechnung

Schwierigkeitsgrad

A 1 **Drei Milchbauern der Region beliefern einen Milchproduzenten. Dieser bezieht jeweils 30 % seiner Milch von Milchbauer 1 und 2 und den Rest von Milchbauer 3. Pro Tag wird er insgesamt mit 12 000 Liter Milch beliefert. Die Bauer erhalten von dem Verkaufspreis von 80 ct pro Liter 15 %.** 3

a) Wie viel Cent bekommen die Bauer pro Liter?

....

b) Wie viele Liter liefert Milchbauer 3 täglich?

....

c) Wie viel nimmt Milchbauer 1 täglich durch die Lieferung an den Milchproduzenten ein?

....

A 2 **Lena und Jana fahren zu einer Tankstelle, um ihre Autos zu betanken. In Lenas Auto passen 36 Liter, sie tankt 12,6 Liter, um ihren Wagen voll zu tanken. Janas tank ist zu 45 % voll, ihr Tank umfasst 48 Liter.** 4

a) Zu wie viel Prozent ist der Tank von Lena voll?

....

b) Wie viel muss Jana bezahlen, wenn sie ihr Auto volltankt bei einem Preis von 1,36 € pro Liter?

....

c) Lenas Fahrzeug verbraucht 5,5 Liter auf 100 km und sie fährt 260 km. Zu wie viel Prozent ist ihr Fahrzeug dann befüllt?

....

d) Wie weit ist sie gefahren, wenn der Tank noch zu 40 % befüllt ist und zuvor vollgetankt war?

....

A 3 **Mara arbeitet in einem Restaurant. Ihre Schicht am Sonntag geht von 16 bis 22 Uhr. Pro Stunde verdient sie 11 €.** 3

a) Wie viel Prozent ihrer Arbeitszeit ist um 18:10 um?

....

b) Wie viel hat Mara verdient, wenn es 20:30 ist?

....

c) Wie viel hat Mara verdient, wenn sie 10 % ihrer gesamten Arbeitszeit mehr arbeitet?

....

oder:
www.schuelerhilfe.de
/gute-noten
CODE 8759

bearbeitet am | zu erreichende Punktzahl: 10 | erreichte Punktzahl des Schülers

➨ Ab 8 erreichten Punkten kannst du zum nächsten Test übergehen.

LERNEINHEIT 2

Zinsrechnung

Test 37 Grundlagen und Grundbegriffe

Schwierigkeitsgrad

A1 Fülle den Lückentext aus. 6

a) Es werden die .... eines bestimmten Geldbetrags über einen bestimmten Zeitraum berechnet. Die Formel hierfür lautet: $Z = K \cdot \frac{p}{100} \cdot t$.

b) Z steht für die .... in Euro.

c) K steht für das .... in Euro.

d) p steht für den .... in Prozent.

e) t steht für die ....

f) Wenn t größer als 1 ist, muss man außerdem .... berechnen.

A2 Bestimme das Kapital, den Zinssatz und die Zinsen. 3

a) Emma hat ihr Taschengeld von 150 € auf ihr neues Sparbuch mit 2 % Zinsen gezahlt. Nach einem Jahr hat sie 3 € Geld von der Bank bekommen.

Kapital: .... Zinsen: .... Zinssatz: ....

b) Familie Müller leiht sich für ihr neues Haus 10 000 € von der Bank. Da sie 3 % Zinsen zahlen müssen, bekommt die Bank in einem Jahr von der Familie 300 €.

Kapital: .... Zinsen: .... Zinssatz: ....

c) Wenn man 240 € mit 2,5 % Zinsen für ein Jahr bei der Bank anlegt hat man nach dem Jahr 246 €.

Kapital: .... Zinsen: .... Zinssatz: ....

A3 Fülle die Tabelle aus und gib die Zinsen in ganzen Beträgen an. 4

	Zinsen	Zinssatz	Kapital	Tage
a)		3 %	350 €	210
b)		2 %	2400 €	300
c)		7,5 %	400 €	100
d)		2 %	600 €	150

oder: www.schuelerhilfe.de/gute-noten
CODE 3166

bearbeitet am .... zu erreichende Punktzahl 13 erreichte Punktzahl des Schülers ....

Ab 10 erreichten Punkten kannst du zum nächsten Test übergehen.

Test 38 Grundlagen und Grundbegriffe

Schwierigkeitsgrad

A 1 **Suche die Äquivalente der Begriffe in der Zinsrechnung und ordne ihnen die passende Definition zu.** 3

Definition 1: Geld, das bei der Bank angelegt wird
Definition 2: Prozentzahl, die einem die Bank für sein Geld in einem Jahr zahlt
Definition 3: legt die Höhe der Zinsen fest

a) Grundwert = ……………………

Definition: ……………………

b) Prozentwert = ……………………

Definition: ……………………

c) Prozentsatz = ……………………

Definition: ……………………

A 2 **Bestimme das Kapital, den Zinssatz und die Zinsen.** 2

a) Anna verdient bei ihrem Nebenjob jede Woche 50 €. Nach 4 Wochen bringt sie das Geld auf die Bank, um es auf ihr Sparbuch, wo bereits 150 € drauf sind, einzuzahlen. Die Bank zahlt Anna jährlich 3,5 % des angelegten Geldes. Im ersten Jahr bekommt sie 12,25 € von der Bank.

Kapital: …………… Zinsen: …………… Zinssatz: ……………

b) Tom bekommt zu seinem Geburtstag von seinem Opa 60 €, von seinen Eltern 100 € und von seiner Tante nochmal 30 €. Er bringt das ganze Zeit zur Bank. Auf seinem Sparbuch waren vorher 170 €. Er bekommt von der Bank jährlich 4 % seines Geldes gutgeschrieben. Nach einem halben Jahr bekommt er 7,20 €.

Kapital: …………… Zinsen: …………… Zinssatz: ……………

A 3 **Berechne die Zinsen, runde auf zwei Nachkommastellen.** 4

	Zinsen	Zinssatz	Kapital	Tage
a)		4 %	1350 €	130
b)		2,5 %	960 €	270
c)		3,7 %	2340 €	90
d)		1,2 %	1870 €	330

oder:
www.schuelerhilfe.de
/gute-noten
CODE 3166

bearbeitet am | zu erreichende Punktzahl: 9 | erreichte Punktzahl des Schülers

➡ Ab 7 erreichten Punkten kannst du zum nächsten Test übergehen.

Test 39 Grundlagen und Grundbegriffe

Schwierigkeitsgrad

A1 **Nenne die Formel für die Berechnung der Zinsen und gib die Bedeutung der verwendeten Abkürzungen an.** 2

a) Formel: ……………………

b) Bedeutung: ……………………

A2 **Bestimme das Kapital, die Zinsen und den Zinssatz.** 2

a) Lisa bekommt von ihrer Oma fürs Rasen mähen jede Woche 5 €. Außerdem bekommt sie alle 2 Wochen 10 € von ihrem Vater fürs Auto waschen. Nach 6 Wochen geht sie zur Bank, um das Geld einzuzahlen. Vorher hatte sie bereits 530 € auf ihrem Sparbuch. Die Bank vermehrt ihr Geld jedes Jahr um 4,5 %. Im ersten Monat bekommt sie 2,21 € von der Bank auf ihr Sparbuch überwiesen.

Kapital: …………… Zinsen: …………… Zinssatz: ……………

b) Lars erhält zu seinem Geburtstag 15 € von jedem seiner 7 Gäste. Außerdem spart er jede Woche 20 € von seinem Taschengeld. Nach 8 Wochen geht er zur Bank, um sein Geld auf sein Sparbuch, wo bereits 340 € angelegt sind, einzuzahlen. Nach einem Jahr hat Lars 635,25 € auf seinem Konto, da die Bank sein Geld jedes Jahr um 5 % vermehrt.

Kapital: …………… Zinsen: …………… Zinssatz: ……………

A3 **Berechne die Zinsen, runde auf zwei Nachkommastellen.** 4

	Zinsen	Zinssatz	Kapital	Tage
a)		3,75 %	3576 €	145
b)		4,6 %	756 €	287
c)		8,1 %	12 794 €	351
d)		2,22 %	9105 €	183

oder:
www.schuelerhilfe.de/gute-noten
CODE 3166

bearbeitet am ______ zu erreichende Punktzahl: 8 erreichte Punktzahl des Schülers ______

➨ Ab 6 erreichten Punkten kannst du zum nächsten Test übergehen.

Test 40 Grundlagen und Grundbegriffe

Schwierigkeitsgrad

A1 Fülle die Lücken mit den richtigen Begriffen. 3

Du hast zum Geburtstag Geld von deinen Großeltern geschenkt bekommen, mit diesem Geld möchtest du bei der Bank ein Sparbuch eröffnen. Das Geld, das du besitzt und auf das Konto einzahlst, nennt sich …………………………… .
Auf das von dir eingezahlte Geld bekommst du von der Bank zu einem bestimmten …………………………… jährlich etwas gutgeschrieben, das gutgeschriebene Geld nennt sich …………………………… .

A2 Hannah hat zu ihrer Konfirmation 500 € geschenkt bekommen, sie legt das Geld auf ihrem Sparkonto an. Die Bank zahlt ihr 4 % Zinsen pro Jahr. Sie hat also nach dem ersten Jahr 520 € auf dem Konto. 3

a) Was war ihr Startkapital?

……………………………………………………………………

b) Für welchen Zinssatz hat sie das Geld angelegt?

……………………………………………………………………

c) Wie viel Zinsen hat sie von der Bank erhalten?

……………………………………………………………………

A3 Lukas hat von der Bank am Ende des Jahres 10 € gutgeschrieben bekommen. Wie war sein Startkapital, wenn er sein Geld zu einem Zinssatz von 5 % angelegt hat? 1

……………………………………………………………………

oder:
www.schuelerhilfe.de
/gute-noten
CODE 3166

bearbeitet am | zu erreichende Punktzahl: 7 | erreichte Punktzahl des Schülers

➠ Ab 5 erreichten Punkten kannst du zum nächsten Test übergehen.

Test 41 Grundlagen und Grundbegriffe

Schwierigkeitsgrad

A1 **Tobias hat von seinen Eltern ein Sparbuch geschenkt bekommen auf dem sich 1000 € befinden, auf dieses Geld erhält er 5 % jährlich gutgeschrieben. Er bekommt nach dem ersten Jahr 50 € und nach dem zweiten Jahr 52,50 € von der Bank gutgeschrieben.** 5

a) Wie viel Geld befindet sich nach den zwei Jahren auf dem Konto?

....

b) Wie viele Zinsen hat Tobias nach zwei Jahren erhalten?

....

c) Wie nennen sich die 2,50 € die Tobias im zweiten Jahr extra bekommen hat?

....

d) Wie hoch ist der Zinssatz?

....

e) Wie hoch war das Startkapital?

....

A2 **Lisa möchte sich neue Schuhe kaufen, diese sollen 89,99 € kosten. Sie hat vor drei Jahren 80 € bei der Bank angelegt. Auf das Geld erhält sie 4 % pro Jahr von der Bank gutgeschrieben. Nach dem ersten Jahr erhält sie 3,20 €, nach dem zweiten 3,33 € und nach dem dritten Jahr 3,46 € von der Bank.** 5

a) Kann sie sich die Schuhe leisten?

....

b) Wie viel Zinseszinsen hat sie erhalten?

....

c) Wie viel Zinsen hat sie insgesamt von der Bank erhalten?

....

d) Wie lange war die Laufzeit?

....

e) Wie viel Geld hat sie nach den drei Jahren auf dem Konto?

....

bearbeitet am | zu erreichende Punktzahl: 10 | erreichte Punktzahl des Schülers

➠ Ab 8 erreichten Punkten kannst du zum nächsten Test übergehen.

Test 42 Grundlagen und Grundbegriffe

Schwierigkeitsgrad

A1 **Lara hat zu Weihnachten 350 € geschenkt bekommen. Sie legt das Geld auf einem Sparbuch zu 3,5 % Zinsen pro Jahr an.** 3

a) Wie viele Zinsen bekommt sie am Ende des Jahres von der Bank?

....

b) Wie viel Geld liegt am Ende des Jahres auf dem Konto?

....

c) Kann sie sich von dem Geld einen Laptop kaufen, der 359,99 € kostet?

....

A2 **Jonathan hat 250 € auf seinem Konto angelegt. Er bekommt nach einem Jahr 12,50 € Zinsen von der Bank.** 3

a) Wie hoch ist der Zinssatz für den Jonathan das Geld angelegt hat?

....

b) Wie viel Geld ist nach einem Jahr auf dem Konto?

....

c) Nach dem zweiten Jahr erhält Jonathan bereits 13,13 € an Zinsen, wie viele Zinseszinsen hat er erhalten?

....

A3 **Anton hat 100 € bei der Bank angelegt. Er bekommt einen Zinssatz von 2 % von der Bank. Er bekommt allerdings *keine* Zinseszinsen.** 4

a) Wie viele Zinsen hat er nach einem Jahr bekommen?

....

b) Wie viele hat er insgesamt nach zwei Jahren bekommen?

....

c) Wie viele hat er insgesamt nach drei Jahren bekommen?

....

d) Wie viel Geld hat er nach den drei Jahren auf dem Konto?

....

oder:
www.schuelerhilfe.de
/gute-noten
CODE 3166

bearbeitet am | zu erreichende Punktzahl: 10 | erreichte Punktzahl des Schülers

➡ Ab 8 erreichten Punkten kannst du zum nächsten Test übergehen.

Test 43 Jahreszinsen, Monats- und Tageszinsen

Schwierigkeitsgrad

A1 Berechne den Jahreszins. 4

a) K = 500 € und p = 3 %

Rechnung:

Z = ……

b) K = 1000 € und p = 2 %

Rechnung:

Z = ……

c) K = 800 € und p = 4 %

Rechnung:

Z = ……

d) K = 250 € und p = 5 %

Rechnung:

Z = ……

A2 Berechne den Monatszins. Runde auf zwei Nachkommastellen. 4

a) K = 300 € und p = 6 %

Rechnung: ……

Z = ……

b) K = 1500 € und p = 3 %

Rechnung: ……

Z = ……

c) K = 700 € und p = 2 %

Rechnung: ……

Z = ……

d) K = 100 € und p = 4 %

Rechnung: ……

Z = ……

A3 Berechne den Tageszins. Runde auf zwei Nachkommastellen. 4

a) K = 500 € und p = 3 %

Rechnung: ……

Z = ……

b) K = 1200 € und p = 4 %

Rechnung: ……

Z = ……

c) K = 900 € und p = 5 %

Rechnung: ……

Z = ……

d) K = 650 € und p = 2 %

Rechnung: ……

Z = ……

bearbeitet am | zu erreichende Punktzahl: 16 | erreichte Punktzahl des Schülers

➨ Ab 13 erreichten Punkten kannst du zum nächsten Test übergehen.

Test 44 Jahreszinsen, Monats- und Tageszinsen

Schwierigkeitsgrad

A1 **Berechne den Jahreszins (t = Dauer in Jahren). Runde auf zwei Nachkommastellen.** 4
Tipp: Zinseszinsen werden nicht berechnet.

a) K = 7500 €, p = 4 %, t = 3

Rechnung: ....

Z = ...

b) K = 340 €, p = 2 %, t = 10

Rechnung: ....

Z = ...

c) K = 11 200 €, p = 3 %, t = 2

Rechnung: ....

Z = ...

d) K = 910 €, p = 5 %, t = 7

Rechnung: ....

Z = ...

A2 **Berechne den Monatszins (t = Dauer in Monaten). Runde auf zwei Nachkommastellen.** 4
Tipp: Zinseszinsen werden nicht berechnet.

a) K = 530 €, p = 6 %, t = 4

Rechnung: ....

Z = ...

b) K = 7400 €, p = 2 %, t = 11

Rechnung: ....

Z = ...

c) K = 4250 €, p = 3 %, t = 1

Rechnung: ....

Z = ...

d) K = 2670 €, p = 4 %, t = 7

Rechnung: ....

Z = ...

A3 **Berechne den Tageszins (t = Dauer in Tagen). Runde auf zwei Nachkommastellen.** 4
Tipp: Zinseszinsen werden nicht berechnet.

a) K = 13 400 €, p = 7 %, t = 230

Rechnung: ....

Z = ...

b) K = 2340 €, p = 2 %, t = 300

Rechnung: ....

Z = ...

c) K = 960 €, p = 4 %, t = 150

Rechnung: ....

Z = ...

d) K = 530 €, p = 5 %, t = 70

Rechnung: ....

Z = ...

oder:
www.schuelerhilfe.de/gute-noten
CODE 8573

bearbeitet am ______ zu erreichende Punktzahl: 16 erreichte Punktzahl des Schülers ______

➡ Ab 13 erreichten Punkten kannst du zum nächsten Test übergehen.

Test 45 Jahreszinsen, Monats- und Tageszinsen

Schwierigkeitsgrad

A1 **Fülle die Tabelle zum Jahreszins aus. Runde, wenn nötig, auf zwei Nachkommastellen. (t = Zeit in Jahren; Zinseszinsen werden nicht berechnet)** 4

	Zinsen	Zinssatz	Kapital	Jahre
a)		4,5 %	19 367 €	5
b)	344 €		8466 €	2
c)	206 €	3 %		4
d)	326,63 €	2,5 %	4355 €	

A2 **Fülle die Tabelle zum Monatszins aus. Runde, wenn nötig, auf zwei Nachkommastellen. (t = Zeit in Monaten; Zinseszinsen werden nicht berechnet)** 4

	Zinsen	Zinssatz	Kapital	Monate
a)		7,1 %	20 309 €	11
b)	109 €		3618 €	8
c)	721 €	5.5 %		6
d)	78,21 €	3,4 %	9201 €	

A3 **Fülle die Tabelle zum Tageszins aus. Runde, wenn nötig, auf zwei Nachkommastellen. (t = Zeit in Tagen; Zinseszinsen werden nicht berechnet)** 4

	Zinsen	Zinssatz	Kapital	Tage
a)		2,8 %	8534 €	310
b)	210,50 €		10 505 €	278
c)	340,70 €	3,9 %		125
d)	905,70 €	6,1 %	15 040 €	

oder:
www.schuelerhilfe.de
/gute-noten
CODE 8573

bearbeitet am ______ zu erreichende Punktzahl: 12 erreichte Punktzahl des Schülers ______

➨ Ab 10 erreichten Punkten kannst du zum nächsten Test übergehen.

Test 46 Jahreszinsen, Monats- und Tageszinsen

Schwierigkeitsgrad

A1 **Berechne die Zinsen für ein Jahr.** 5

a) K = 1200 € p = 2,5 %

b) K = 4500 € p = 1,6 %

c) K = 200 € p = 5,5 %

d) K = 7200 € p = 4,3 %

e) K = 7690 € p = 1,5 %

A2 **Berechne die Zinsen für die jeweils angegebenen Monate.** 5

a) K = 100€ p = 2 % 4 Monate

b) K = 500€ p = 3,1 % 7 Monate

c) K = 730€ p = 3,4 % 2 Monate

d) K = 1100€ p = 3 % 1 Monat

e) K = 8910€ p = 2,1 % 11 Monate

A3 **Berechne die Zinsen für die jeweils angegebenen Tage. Gehe dabei von 360 Tagen pro Jahr aus.** 5

a) K = 10 000€ p = 2,5 % 97 Tage

b) K = 5500€ p = 2,6 % 184 Tage

c) K = 7800€ p = 1,5 % 333 Tage

d) K = 2300€ p = 2,9 % 210 Tage

e) K = 9090€ p = 5,5 % 36 Tage

oder:
www.schuelerhilfe.de
/gute-noten
CODE 8573

bearbeitet am | zu erreichende Punktzahl: 15 | erreichte Punktzahl des Schülers

➨ Ab 12 erreichten Punkten kannst du zum nächsten Test übergehen.

Test 47 Jahreszinsen, Monats- und Tageszinsen

Schwierigkeitsgrad

A1 Berechne jeweils den fehlenden Wert. Gehe von 360 Tagen pro Jahr aus. 5

a)	K = 5000€	p = 2,5 %	Z = ?	Zeit: 100 Tage
b)	K = 3600€	p = ?	Z = 11,4€	Zeit: 2 Monate
c)	K = ?	p = 4,5 %	Z = 67,44€	Zeit: 65 Tage
d)	K = 26 000€	p = 2,3 %	Z = ?	Zeit: 1 Jahr
e)	K = 6540€	p = ?	Z = 34,34€	Zeit: 3 Monate

A2 Berechne jeweils das Kapital nachdem die Zinsen addiert wurden. 5

a)	K = 1040€	p = 2,1 %	8 Monate
b)	K = 4500€	p = 6,1 %	3 Monate
c)	K = 8600€	p = 5,4 %	87 Tage
d)	K = 1500€	p = 0,9 %	10 Monate
e)	K = 910€	p = 4,3 %	299 Tage

A3 Familie Müller holt bei einer Bank verschiedene Angebote ein, um ihr Geld (6000 €) für 8 Monate anzulegen. Die Bankberater machen folgende Aussagen: 2

Bank 1: „Ich kann ihnen einen Zinssatz von 3,5 % anbieten"
Bank 2: „Sie werden für den Zeitraum 120 € Zinsen bekommen"
Bank 3: „Sie würden einen Zinssatz von 2,5 % und zusätzlich einen Bonus von 50 € erhalten"

a) Wie hoch ist der Zinssatz bei Bank 2?

b) Für welches Angebot sollte sich Familie Müller entscheiden? Wie viele Geld erhalten sie dann?

oder:
www.schuelerhilfe.de/gute-noten
CODE 8573

bearbeitet am | zu erreichende Punktzahl: 12 | erreichte Punktzahl des Schülers

➡ Ab 10 erreichten Punkten kannst du zum nächsten Test übergehen.

Test 48 Jahreszinsen, Monats- und Tageszinsen

Schwierigkeitsgrad

A 1 Gib an, wie viele Zinsen die Familien jeweils erhalten. Gehe davon aus, dass ein Jahr 360 Tage beinhaltet. (Punkteangabe) 2

a) Familie Meier spart jeden Monat 300 € und möchte nach 3 Jahren ihr Geld zu einem Zinssatz von 3,4 % für 10 Monate anlegen.

....

b) Familie Hofmann hat durch den Verkauf einiger Sachen 1400 € eingenommen und möchte das Geld zusammen mit ihrem Ersparten von 2300 € anlegen. Sie bekommen einen Zinssatz von 5,1 % für 275 Tage.

....

A 2 3 bekannte Pärchen treffen sich an einem Abend und unterhalten sich über ihre Geldanlagen. Sie machen die folgenden Aussagen: 3

Paar 1: „Wir haben 6000 € für 7 Monate zu einem Zinssatz von 3,1 % angelegt“
Paar 2. „Wir haben 9000 € für ein halbes Jahr angelegt und haben danach 9130,50 € gehabt.“
Paar 3: „Wir haben 5000 € zu einem Zinssatz von 2,8 % angelegt und haben anschließend 5105 € gehabt.“

a) Wie viele Zinsen hat Paar 1 erhalten?

....

b) Wie lange hat Paar 3 ihr Geld angelegt?

....

c) Welches Paar hat den höchsten Zinssatz erhalten?

....

A 3 Berechne jeweils den fehlenden Wert. 5

a) K = 7500€ p = ? Z = 79,56€ Zeit: 67 Tage

....

b) K = ? p = 4,4 % Z = 2290,93€ Zeit: 11 Monate

....

c) K = 9809 p = 1,5 % Z = ? Zeit: 33 Tage

....

d) K = 1234€ p = ? Z = 11,11€ Zeit: 1 Jahr

....

e) K = 6543€ p = 1,23 % Z = ? Zeit: 5 Monate

....

bearbeitet am ______ zu erreichende Punktzahl: 10 erreichte Punktzahl des Schülers ______

➨ Ab 8 erreichten Punkten kannst du zum nächsten Test übergehen.

Test 49 Kapitalwerte

Schwierigkeitsgrad

A1 Berechne das Kapital. 8

a) p = 2 % t = 1 Jahr Z = 100 €

b) p = 1 % t = 2 Jahre Z = 50 €

c) p = 4 % t = 4 Jahre Z = 200 €

d) p = 2 % t = 2 Jahre Z = 20 €

e) p = 5 % t =10 Jahre Z = 150 €

f) p = 1 % t = 50 Jahre Z = 210 €

g) p = 6 % t = 200 Jahre Z = 480 €

h) p = 3 % t = 5 Jahre Z = 30 €

A2 Löse die Textaufgaben. 4

a) Anna hat auf ihrem Sparbuch nach 2 Jahren mit einem Zinssatz von 2 % 40 € gutgeschrieben bekommen. Wie viel Geld hatte Anna zu Beginn der zwei Jahre auf ihrem Sparbuch? (Keine Zinseszinsen)

b) Frau Meier hat Geld für ihre Kinder angelegt, welches sie nach 20 Jahren bekommen sollen. Das Geld hat sich in den Jahren um 200 € vermehrt. Der Zinssatz beträgt 4 %. Wie viel Geld hat Frau Meier angelegt?

c) Tom hat sein Geburtstagsgeld auf sein Sparbuch gebracht, da er dort pro Jahr 3 % Zinsen erhält. Nach einem Jahr hat Tom 60 € Zinsen bekommen. Wie viel Geld hat er jetzt auf seinem Sparbuch?

d) Lisa hat zu ihrer Kommunion von ihrer Familie Geld bekommen. Da sie sich erst in 4 Jahren ein Klavier kaufen möchte, bringt sie das Geld für die Zeit auf ihr Sparbuch. Dort erhält sie 2 % Zinsen. Nach den vier Jahren hat sich das Geld um 80 € vermehrt. Wie viel Geld hatte Lisa vorher auf ihrem Sparbuch?

oder:
www.schuelerhilfe.de/gute-noten
CODE 1956

bearbeitet am | zu erreichende Punktzahl: 12 | erreichte Punktzahl des Schülers

➠ Ab 9 erreichten Punkten kannst du zum nächsten Test übergehen.

Test 50 Kapitalwerte

Schwierigkeitsgrad

A1 Berechne das Kapital. Runde auf zwei Nachkommastellen. 8

a) p = 5,5 % t = 4 Jahre Z = 320 €

b) p = 7 % t = 20 Jahre Z = 110 €

c) p = 3 % t = 18 Jahre Z = 230 €

d) p = 6 % t = 6 Monate Z = 20 €

e) p = 2 % t = 18 Monate Z = 80 €

Hinweis: Ohne Zinseszins

f) p = 5 % t = 12 Jahre Z = 40 €

g) p = 4 % t = 5 Jahre Z = 120 €

h) p = 3 % t = 3 Jahre Z = 200 €

A2 Löse die Textaufgaben. Runde auf zwei Nachkommastellen. 4

a) Herr Bauer hat ein Sparkonto, was mit 4 % verzinst wird. Nach 19 Monaten ist sein Guthaben um 280 € angewachsen. Wie viel hat er nun auf seinem Konto? Hinweis: Ohne Zinseszins

b) Marie und Tim haben zusammen von ihren Eltern ein Sparkonto zu ihrer Geburt bekommen. Das Geld dürfen sie, wenn sie 18 Jahre sind benutzen. Innerhalb der Zeit hat sich das Geld mit einem Zinssatz von 5 % um 340 € vermehrt. Wie viel Geld war zum Zeitpunkt ihrer Geburt auf dem Sparkonto?

c) Frau Müller nimmt für ihr neues Haus einen Kredit auf. Dieser wird mit 8 % verzinst. Sie muss nach 5 Jahren 300 € Zinsen zurückzahlen. Wie hoch war der Kredit von Frau Müller?

d) Lisa möchte sich ein neues Fahrrad kaufen. Es kostet 450 €. Sie hat vor drei Jahren Geld auf ihrem Sparbuch angelegt. Es wird mit 4 % verzinst. Nach den drei Jahren hat Lisa 50 € Zinsen von der Bank bekommen. Hat Lisa jetzt genug Geld um sich das Fahrrad zu kaufen?

oder:
www.schuelerhilfe.de/gute-noten
CODE 1956

bearbeitet am | zu erreichende Punktzahl: 12 | erreichte Punktzahl des Schülers

➠ Ab 9 erreichten Punkten kannst du zum nächsten Test übergehen.

Test 51 Kapitalwerte

Schwierigkeitsgrad

A1 Berechne das Kapital. Runde auf zwei Nachkommastellen. 8

a) p = 4,3 % t = 266 Tage Z = 522 €

b) p = 2,25 % t = 570 Tage Z = 83 €

c) p = 5,66 % t = 86 Monate Z = 619 €

d) p = 7,01 % t = 29 Jahre Z = 341 €

e) p = 4,17 % t = 140 Monate Z = 146 €

f) p = 3,05 % t = 13 Jahre Z = 789 €

g) p = 6,99 % t = 482 Tage Z = 265 €

h) p = 1,73 % t = 71 Monate Z = 472 €

A2 Löse die Textaufgaben. Runde auf zwei Nachkommastellen. 4

a) Frau Müller nimmt bei ihrer Bank einen Kredit auf. Bei einem Zinssatz von 3,44 % muss sie monatlich 86 € Zinsen zahlen. Wie viel Geld hat sie aufgenommen?

b) Lena spart Geld auf ihrem Sparbuch. Die Bank zahlt ihr 2,87 % Zinsen. Sie erhält täglich 1,62 €. Wie viel Geld hat Lena bei der Bank angelegt?

c) Herr Meier hat sein Auto verkauft und das Geld bei der Bank angelegt. Er bekommt monatlich 74 € gutgeschrieben. Der Zinssatz beträgt 5,6 %. Wie viel Geld hat Herr Meier auf seinem Sparbuch angelegt?

d) Herr Schwarz hat bei der Bank für sein neues Haus einen Kredit aufgenommen. Er zahlt alle zwei Monate 31 € Zinsen. Der Zinssatz beträgt 3,5 %. Wie viel Geld hat Herr Schwarz bei der Bank aufgenommen?

oder:
www.schuelerhilfe.de
/gute-noten
CODE 1956

bearbeitet am | zu erreichende Punktzahl: 12 | erreichte Punktzahl des Schülers

➨ Ab 9 erreichten Punkten kannst du zum nächsten Test übergehen.

Test 52 Kapitalwerte

Schwierigkeitsgrad

A1 Formeln. 6

a) Wofür stehen „K_{end}“, „P“ und „n“ in der nächsten Gleichung und was berechnet man durch diese Gleichung?

$$K = \frac{K_{end}}{\left(1 + \frac{p}{100}\right)^n}$$

b) Was berechnet man durch die folgende Gleichung?

$$Z = K \cdot \left[\left(1 + \frac{p}{100}\right)^n - 1\right]$$

A2 Berechne jeweils das Anfangskapital K. 5

a) p = 3,2 n = 1 Jahr Z = 120 €

b) p = 4 n = 7 Jahre Z = 200 €

c) p = 2 n = 7 Jahre Z = 1000 €

d) p = 2,9 n = 2 Jahre Z = 235,36 €

e) p = 4,5 n = 5 Jahre Z = 4923,64 €

oder:
www.schuelerhilfe.de/gute-noten
CODE 1956

bearbeitet am zu erreichende Punktzahl: 11 erreichte Punktzahl des Schülers

➠ Ab 9 erreichten Punkten kannst du zum nächsten Test übergehen.

Test 53 Kapitalwerte

Schwierigkeitsgrad

A1 Formeln. 3

a) Gib die Formel für die Berechnung der Zinsen nach n Monaten an.

....

b) Gib die Formel für die Berechnung des Anfangskapitals nach n Tagen an. Hinweis: Keine Zinseszinsen

....

c) Gib die Formel für die Berechnung des Endkapitals nach n Jahren an.

....

A2 Berechne für jeden Fall das Anfangskapital K. 5

a) p = 2,7 n = 1 Jahr Z = 90 €

....

b) p = 2,4 n = 3 Jahre Z = 315 €

....

c) p = 1,6 n = 8 Monate Z = 120 €

....

d) p = 3 n = 3 Monate Z = 600 €

....

e) p = 3,5 n = 15 Tage Z = 46 €

....

A3 Berechne für jeden Fall das Endkapital K_{end}. 5

a) p = 5 n = 18 Tage Z = 15 €

....

b) p = 1,125 n = 70 Tage Z = 45 €

....

c) p = 2,7 n = 9 Monate Z = 214 €

....

d) p = 3,12 n = 4 Jahre Z = 5510 €

....

e) p = 2,31 n = 6 Jahre Z = 11 €

....

bearbeitet am .... zu erreichende Punktzahl: 13 erreichte Punktzahl des Schülers ....

➨ Ab 10 erreichten Punkten kannst du zum nächsten Test übergehen.

Test 54 Kapitalwerte

Schwierigkeitsgrad

A 1 Löse die Textaufgabe. 2

Marc hat Geld für seine guten Noten im Abitur bekommen, aber möchte sparen und das Geld 2 Jahre lang anlegen. Auf einem mit 2,7 % verzinsten Sparkonto hat er das Geld angelegt und bekommt nach 15 Monaten 15 € Zinsen.

a) Wie viel Geld hatte er am Anfang?

....

b) Er hatte vor, mit diesem Geld nach zwei Jahren ein 450 € Computer zu kaufen. Wird sein Endkapital dafür reichen?

....

A 2 Berechne für jeden Fall das Anfangskapital K. 3

a) p = 2,123 n = 45 Tage Z = 71 €

....

b) p = 1,99 n = 11 Monate Z = 400 €

....

c) p = 1,55 n = 8 Jahre Z = 12 000 €

....

A 3 Berechne für jeden Fall die Zinsen Z. 3

a) p = 2,2 n = 10 Tage K = 1500 €

....

b) p = 1,525 n = 8 Monate K = 600 €

....

c) p = 1,75 n = 3 Jahre K = 3000 €

....

oder:
www.schuelerhilfe.de
/gute-noten
CODE 1956

bearbeitet am | zu erreichende Punktzahl: 8 | erreichte Punktzahl des Schülers

➡ Ab 6 erreichten Punkten kannst du zum nächsten Test übergehen.

Test 55 Zinssätze

Schwierigkeitsgrad

A1 Berechne den Zinssatz p. 8

a) K = 20 000 € t = 1 Jahr Z = 400 €

b) K = 5000 € t = 2 Jahre Z = 125,78 €

c) K = 1000 € t = 4 Jahre Z = 1040,60 €

d) K = 65 000 € t = 5 Jahre K = 130,10 €

e) K = 3000 € t = 3 Jahre Z = 183,62 €

f) K = 6200 € t = 1 Jahr Z = 248 €

g) K = 40 000 € t = 2 Jahre Z = 100 €

h) K = 100 000 € t = 6 Jahre Z = 1206 €

A2 Löse die Textaufgaben. 4

a) Marie legt für 4 Jahre ihr gespartes Geld bei der Bank an. Sie bekommt insgesamt für ihre 400 € in den 4 Jahren 16,24 € Zinsen. Wie hoch ist der Zinssatz?

b) Frau Weiß überlegt bei welcher Bank sie ihre 6000 € anlegen soll. Bank A bietet ihr in 6 Jahren 180 € Zinsen. Bank B bietet ihr in 4 Jahren 130 € Zinsen. Zu welcher Bank soll Frau Weiß gehen?

c) Anna hat vor drei Jahren ein Sparbuch bei der Bank eröffnet. Sie hat 5000 € auf dem Sparbuch angelegt und hat nach drei Jahren 150 € Zinsen bekommen. Wie hoch ist der Zinssatz?

d) Tom hat einen Kredit in Höhe von 250 000 € bei seiner Bank aufgenommen. Nach einem Jahr muss er 5000 € Zinsen zahlen. Wie hoch ist der Zinssatz?

oder:
www.schuelerhilfe.de
/gute-noten
CODE 7101

bearbeitet am zu erreichende Punktzahl: 12 erreichte Punktzahl des Schülers

Ab 9 erreichten Punkten kannst du zum nächsten Test übergehen.

Test 56 Zinssätze

Schwierigkeitsgrad

A1 Berechne den Zinssatz. Runde auf zwei Nachkommastellen. 8

a) K = 35 000 € t = 15 Jahre Z = 635 €

b) K = 2750 € t = 18 Monate Z = 892 €

c) K = 39 100 € t = 7 Jahre Z = 54 €

d) K = 51 240 € t = 11 Jahre Z = 737 €

e) K = 4310 € t = 6 Monate Z = 54 €

f) K = 10 510 € t = 4 Jahre Z = 122 €

g) K = 2770 € t = 13 Jahre Z = 674 €

h) K = 14 440 € t = 2 Jahre Z = 1226 €

A2 Löse die Textaufgaben. Runde auf zwei Nachkommastellen. 4

a) Herr Schwarz nimmt für sein neues Auto einen Kredit in Höhe von 16 500 € auf. Er muss nach 8 Jahren 8027 € Zinsen zahlen. Wie hoch ist der Zinssatz?

b) Lisa hat 6420 € auf ihrem Sparbuch angelegt. Sie bekommt von der Bank nach 3 Jahren 491,61 € Zinsen. Wie hoch ist der Zinssatz?

c) Frau Meier hat für ihre Tochter zur Geburt ein Sparkonto mit 12 500 € angelegt. Nach 18 Jahren bekommt ihre Tochter das Konto, mit nun 19 291,33 €. Wie hoch ist der Zinssatz?

d) Tom möchte ein neues Auto kaufen. Er hat vor 9 Jahren ein Sparkonto mit 17 600 € angelegt. Jetzt hat er 20 793,58 € auf dem Konto. Wie hoch ist der Zinssatz?

oder:
www.schuelerhilfe.de
/gute-noten
CODE 7101

bearbeitet am | zu erreichende Punktzahl: 12 | erreichte Punktzahl des Schülers

➡ Ab 9 erreichten Punkten kannst du zum nächsten Test übergehen.

Test 57 Zinssätze

Schwierigkeitsgrad

A1 **Berechne den Zinssatz. Runde auf zwei Nachkommastellen.** 8

a) K = 15 640 € t = 32 Jahre Z = 820,94 €

b) K = 26 310 € t = 7 Monate Z = 265,51 €

c) K = 108 316 € t = 350 Tage Z = 1084,66 €

d) K = 52 888 € t = 39 Monate Z = 1352,51 €

e) K = 911 € t = 28 Jahre Z = 116,29 €

f) K = 33 001 € t = 16 Jahre Z = 9608,88 €

g) K = 9048 € t = 510 Tage Z = 699,88 €

h) K = 2016 € t = 9 Monate Z = 110 €

A2 **Löse die Textaufgaben. Runde auf zwei Nachkommastellen.** 4

a) Herr Müller möchte einen Kredit von 15 000 € aufnehmen. Er hat die Angebote von drei Banken eingeholt. Bank A verlangt nach 4 Jahren 7420 € Zinsen, Bank B verlangt nach 16 Monaten 1518 € Zinsen und Bank C verlangt nach 100 Tagen 325 € Zinsen. Bei welcher Bank sollte Herr Müller seinen Kredit aufnehmen?

b) Lisa überprüft ihren Kontoauszug auf Fehler. Sie hat für 3150 € nach 260 Tagen 80,08 € Zinsen bekommen. Die Bank verspricht ihr einen Zinssatz von mindestens 3,5 %. Wurde dies eingehalten?

c) Leo hat sein Auto verkauft und das Geld bei der Bank für 15 Jahre angelegt. Er erhält für seine 18 560 € nach 15 Jahren 3698 € Zinsen. Wie hoch ist der Zinssatz?

d) Frau Weiß hat für ihre Tochter ein Sparkonto bei der Bank angelegt. Sie hat zu Beginn 8350 € eingezahlt. Das Geld wird für 38 Monate angelegt. Für diese Zeit erhält sie 648,47 € Zinsen. Zu welchem Zinssatz hat Frau Weiß das Geld bei der Bank angelegt?

bearbeitet am zu erreichende Punktzahl: 12 erreichte Punktzahl des Schülers

➡ Ab 9 erreichten Punkten kannst du zum nächsten Test übergehen.

Test 58 Zinssätze

Schwierigkeitsgrad

A1 Geben Sie die Formeln für die Berechnung für folgende Werte an. 5

a) Jahreszins

b) Monatszins

c) Tageszins

d) Endkapital nach einer Zinsperiode

e) Endkapital mit Zinseszinsen

A2 Berechnen Sie für jeden Fall den Zinssatz. 7

a) K = 3000 € t = 1 Jahr Z = 102 €

b) K = 15 000 € t = 3 Jahre Z = 974,36 €

c) K = 4500 € t = 4 Jahre Z = 798,86 €

d) K = 30 € t = 1 Jahr Z = 1,5 €

e) K = 40 000 € t = 5 Jahre Z = 5036 €

f) K = 5500 € t = 6 Jahre Z = 2795,76 €

g) K = 1800 € t = 9 Jahre Z = 1000 €

oder:
www.schuelerhilfe.de
/gute-noten
CODE 7101

bearbeitet am | zu erreichende Punktzahl: 12 | erreichte Punktzahl des Schülers

➨ Ab 10 erreichten Punkten kannst du zum nächsten Test übergehen.

Test 59 Zinssätze

Schwierigkeitsgrad

A1 **Trage den richtigen Zinssatz ein.** 3

Kapital	4000	4490	2000
Zinssatz	.... %	.... %	.... %
Jahreszinsen	280	198,28	65,70

A2 **Ordne jeweils den richtigen Jahreszinssatz zu.** 12

K = 500 €; Z = 25 € ... **a)** Zinssatz : 3 %
K = 2000 €; Z = 60 € ... **b)** Zinssatz: 2 %
K = 2000 €; Z = 40 € ... **c)** Zinssatz: 5 %
K = 8500 €; Z = 170 € ... .
K = 400 €; Z = 8 € ... .
K = 300 €; Z = 15 € ... .
K = 2400 €; Z = 120 € ... .
K = 600 €; Z = 18 € ... .
K = 200 €; Z = 4 € ... .
K = 300 €; Z = 9 € ... .
K = 4000 €; Z = 80 € ... .
K = 1100 €; Z = 55 € ... .

oder:
www.schuelerhilfe.de
/gute-noten
CODE 7101

bearbeitet am .... zu erreichende Punktzahl: 15 erreichte Punktzahl des Schülers ....

➨ Ab 12 erreichten Punkten kannst du zum nächsten Test übergehen.

Test 60 Zinssätze

Schwierigkeitsgrad

A1 Berechne. 2

a) Gina hatte zu Beginn des Jahres 1700 € auf ihrem Sparbuch. Am Jahresende werden ihr 57,80 € gutgeschrieben. Zu welchem Zinssatz war ihr Guthaben verzinst?

b) Nach Ablauf eines Jahres hat Jürgen von seiner Bank eine Zinsgutschrift über 15,19 € bekommen. Sein Guthaben betrug anfänglich 490 €. Zu welchem Zinssatz wurde es verzinst?

A2 Berechnen Sie den Zinssatz.

a) K = 500 € Z = 2 € t = 20 Tage

b) K = 1300 € Z = 14,73 € t = 80 Tage

c) K = 120 € Z = 3,4 € t = 120 Tage

d) K = 30 € Z = 1,2 € t = 300 Tage

e) K = 850 € Z = 30 € t = 15 Monate

f) K = 15 000 € Z = 180 € t = 9 Monate

g) K = 35 900 € Z = 2000 € t = 30 Monate

h) K = 100 000 € Z = 3000 € t = 5 Monate

i) K = 4000 € Z = 950 € t = 3 Jahre

oder:
www.schuelerhilfe.de/gute-noten
CODE 7101

bearbeitet am | zu erreichende Punktzahl: 11 | erreichte Punktzahl des Schülers

➨ Ab 9 erreichten Punkten kannst du zum nächsten Test übergehen.

Test 61 Textaufgaben zur Zinsrechnung

Schwierigkeitsgrad

A1 **Löse die folgenden Textaufgaben.** 4

a) Frau Weiß hat für ihre Tochter ein Sparkonto bei der Bank angelegt. Sie hat zu Beginn 8350 € eingezahlt. Das Geld wird für 38 Monate angelegt. Für diese Zeit erhält sie 648,47 € Zinsen. Zu welchem Zinssatz hat Frau Weiß das Geld bei der Bank angelegt?

....

b) Ein Girokonto ist mit 4500 € überzogen. Der Überziehungskredit wird mit 12,5 % jährlich verzinst. Wie viel Zinsen sind für einen Zeitraum von 3 Monaten und 5 Tagen zu zahlen?

....

c) Herr Armand legt sein Guthaben in Höhe von 3000 € für 7 Jahre bei einer Bank an. Er erzielt einen Zinssatz von 4,4 %. Wie viel Geld erhält er am Ende der 7 Jahre?

....

d) Anna überprüft ihren Kontoauszug auf Fehler. Sie hat für 3150 € nach 260 Tagen 80 € Zinsen bekommen. Die Bank verspricht ihr einen Zinssatz von mindestens 3,5 %. Wurde dies eingehalten?

....

A2 **Löse die folgenden Textaufgaben.** 3

a) 25 000 € werden für 7 Monate zu einem Zinssatz von 4,75 % verliehen. Berechne die Zinsen.

....

b) Herr Schmidt kauft ein Auto zum Preis von 13 750 € und lässt diese Summe vom Autohändler finanzieren. In einem Jahr hat Herr Schmidt 15 331,25 € gezahlt. Wie hoch war der Zinssatz?

....

c) Ein Sparer erhält für sein Kapital von 42 500 € bei einem Zinssatz von 6,5 % 552,50 € Zinsen. Wie lange war das Kapital angelegt?

....

oder: www.schuelerhilfe.de/gute-noten CODE 3346

bearbeitet am | zu erreichende Punktzahl: 7 | erreichte Punktzahl des Schülers

➨ Ab 5 erreichten Punkten kannst du zum nächsten Test übergehen.

Test 62 Textaufgaben zur Zinsrechnung

Schwierigkeitsgrad

A1 Für seinen Einzug im Ausland in drei Jahren möchte Thomas 2500 € sparen. Wie hoch muss der Zinssatz sein, damit er nach 3 Jahren 3100 € besitzt? 1

A2 Berechne. 2

a) Wie viel Zinsen werden nach drei Monaten in einem Konto gutgeschrieben, wenn der Zinssatz 2,7 % ist und das Anfangskapital 300 € war?

b) Wie viele Zinsen sind es nach 4 Jahren?

A3 Elena und ihr Mann haben für ihre Hochzeit 15 000 € in ein Sparbuch angelegt. 3

a) Wie viel Zinsen bekommen sie nach einem Jahr bei einem Zinssatz von 3 %?

b) Wie viele Zinsen bekommen sie, wenn das Anfangskapital 10 000 € ist?

c) Könnten sie in zwei Jahren eine Hochzeit im Hohe von 18 000 € veranstalten, wenn der Zinssatz 7 % ist und der Anfangskapital 16 000 €?

bearbeitet am | zu erreichende Punktzahl: 6 | erreichte Punktzahl des Schülers

➨ Ab 5 erreichten Punkten kannst du zum nächsten Test übergehen.

Test 63 Textaufgaben zur Zinsrechnung

Schwierigkeitsgrad

A 1 **Rita liegt in ein Sparbuch 3000 € und wird vermutlich nach drei Jahren ein Endkapital von 3600 € erhalten.** 2

a) Wie hoch ist der Zinssatz des Sparbuches?

....

b) Wenn das Konto mit 2,5 % verzinst wird, was wären die Zinsen nach einem Jahr?

....

A 2 **Eine Firma legt bei der Bank 80 000 € an und würde gern ein Endkapital von 120 000 € für ein künftiges Projekt erzielen.** 2

a) Wie viel Jahren wird es dauern, wenn das Konto mit 4 % verzinst wird?

....

b) Sie möchten jetzt 150 000 € nach 15 Jahren investieren. Welches Anfangskapital brauchen sie für den gleichen Zinssatz?

....

A 3 **Herr Boecker und seine Frau haben vor zwei Jahren für das Studiums ihres Kinds 12 000 € in ein mit 7 % verzinste Sparbuch angelegt.** 2

a) Wie viel Zinsen haben sie bis heute erhalten?

....

b) Ihr Kind hat ein Stipendium bekommen und Herr Boecker will jetzt ein Auto für 15 000 € bar bezahlen. Reicht dieses Geld dafür aus? Wenn nein wie viel Monate muss das Geld noch im Sparbuch bleiben?

....

oder:
www.schuelerhilfe.de
/gute-noten
CODE 3346

bearbeitet am | zu erreichende Punktzahl: 6 | erreichte Punktzahl des Schülers

➡ Ab 5 erreichten Punkten kannst du zum nächsten Test übergehen.

Test 64 Textaufgaben zur Zinsrechnung

Schwierigkeitsgrad

A1 Frau W. legt ein Kapital von 20 000 € zu einem Zinssatz von 5,5 % an. 2

a) Wie hoch ist der Zins nach 6 Monaten und 5 Tagen? (1 Monat = 30 Tage)

....

b) Nach wie vielen Tagen beträgt der Zins über 1.000 €?

....

A2 Tanja findet eine Brieftasche mit einem Inhalt von 1200 €. Sie gibt die Brieftasche ihrem Besitzer zurück und dieser gibt ihr für die ersten 500 € den gesetzlichen Finderlohn von 5 % und für die restlichen 700 € einen Finderlohn von 2 %. 2

a) Wie viel Finderlohn bekommt Tanja?

....

b) Hätte Tanja mehr Finderlohn bekommen hätte der Besitzer ihr für die gesamten 1200 € einen Finderlohn von 3,5 % gegeben?

....

A3 Katrin will ihr Wohnzimmer renovieren. Für die Renovierungskosten vergleicht sie bei verschiedenen Anbietern die Kreditangebote. Anbieter 1 bietet 30 000 € für einen Jahreszins von 9,5 %. Anbieter 2 bietet 30 000 mit einer Monatsrate von 2 500 € und einer einmaligen Zahlung von 3350 €. Beide Angebote betragen eine Laufzeit von 1 Jahr. 3

a) Wie hoch sind die Gesamtkosten für das Angebot von Anbieter 1?

....

b) Wie hoch sind die Gesamtkosten bei Anbieter 2?

....

c) Welches Angebot ist günstiger?

....

oder:
www.schuelerhilfe.de
/gute-noten
CODE 3346

bearbeitet am | zu erreichende Punktzahl: 7 | erreichte Punktzahl des Schülers

➠ Ab 6 erreichten Punkten kannst du zum nächsten Test übergehen.

Test 65 Textaufgaben zur Zinsrechnung

Schwierigkeitsgrad

A1 **Frau Müller möchte einen Kredit über 6000 € aufnehmen. Sie vergleicht deswegen die Angebote von drei Kreditunternehmen. Der Kredit soll eine Laufzeit von 7 Jahren haben.** 4

Anbieter 1:	Anbieter 2:	Anbieter 3:
Sie bekommen: 6000 €	Sie bekommen: 6000 €	Sie bekommen: 6000 €
Jährlich 4,5 % des Kreditbetrags	Monatsrate: 20	Jährlich 3,8 % des Gesamtbetrags
	Einmalzahlung: 300	Einmalzahlung: 250

a) Wie viel hat Frau Müller nach 7 Jahren bei Angebot 1 bezahlt?

....

b) Wie viel hat Frau Müller nach 7 Jahren bei Anbieter 2 bezahlt?

....

c) Wie viel hat Frau Müller nach 7 Jahren bei Anbieter 3 bezahlt?

....

d) Welches Angebot ist für Frau Müller nach 7 Jahren am günstigsten?

....

A2 **Herr Becker legt sein Guthaben in Höhe von 37 500 € für 15 Jahre bei seiner Bank an. Er erhält einen Zinssatz von 3,55 %. Runde auf eine Nachkommastelle.** 2

a) Wie viel Geld hat Herr Becker nach den abgelaufen 15 Jahren?

....

b) Eine andere Bank bietet ihm für den gleichen Zeitraum einen Zinssatz von 4,25 % auf 30 000 Euro an. Wie viel Geld erhält er am Ende der 15 Jahre bei dieser Bank ausbezahlt?

....

A3 **Berechne die fehlenden Angaben.** 8

	a)	b)	c)	d)
Kapital	2450 €	180 €	.... €	975 €
Zinssatz	3 %	.... %	1,5 %	.... %
Jahreszinsen	.... €	6,30 €	547,5 €	.... €
Laufzeit	7 Monate	.... Monate	.... Monate	196 Tage
Zinsen	.... €	4,20 €	731,82 €	38,22 €

oder:
www.schuelerhilfe.de/gute-noten
CODE 3346

bearbeitet am | zu erreichende Punktzahl: 14 | erreichte Punktzahl des Schülers

➨ Ab 11 erreichten Punkten kannst du zum nächsten Test übergehen.

Test 66 Textaufgaben zur Zinsrechnung

Schwierigkeitsgrad

A1 **Familie Kröner hat 15 000 € im Lotto gewonnen. Von diesem Geld haben sie Aktien gekauft. Die Jahresabrechnung zeigt, dass die Aktien um 4 % im Wert gestiegen sind. Des Weiteren zeigt die Abrechnung, dass die Verwaltungsgebühr der Aktien 0,95 % des Wertes der Aktien am Jahresende beträgt.** 2

a) Wie viel Gewinn hat Familie Kröner vor dem Abzug der Verwaltungsgebühren gemacht?

b) Wie hoch sind die Gebühren?

c) Um wie viel Prozent ist das Kapital in dem Jahr nach Abzug der Steuern gestiegen?

A2 **Thorsten erhält für sein Sparbuch bei der Bank 3,4 % Zinsen. Nach einem Jahr werden ihm 32,81 € gutgeschrieben. Wie viel Geld hatte Thorsten auf seinem Sparbuch?** 1

A3 **Zwei Banken werben mit folgenden Angeboten um die Gunst der Kunden:** 3

Bank 1: Bei uns bekommen Sie jährlich 5,4 % Zinsen auf ihre Anlagen.	Bank 2: Bei uns bekommen Sie zweimal im Jahr 2,7 % Zinsen auf ihre Anlagen. Einmal im Juni und einmal im Dezember

a) Begründe rechnerisch, bei welcher Bank man als Kunde das bessere Angebot bekommt.

b) Kerstin will 8.000 € anlegen. Wie viel hätte sie Bank 1 nach einem Jahr?

c) Wie viel hätte sie bei Bank 2 nach einem Jahr?

oder:
www.schuelerhilfe.de
/gute-noten
CODE 3346

bearbeitet am | zu erreichende Punktzahl: 6 | erreichte Punktzahl des Schülers

➠ Ab 5 erreichten Punkten kannst du zum nächsten Test übergehen.

LERNEINHEIT 1

Zuordnungen

Test 67 Grundlagen

Schwierigkeitsgrad

A1 Fülle den Lückentext aus. 6

Zuordnungen sind .... zusammengehöriger Werte. Eine Größe wird einer zweiten Größe zugeordnet. Es gibt .... verschiedene Arten von Zuordnungen. Bei .... Zuordnungen heißt es je ...., desto .... Wenn der eine Wert zum Beispiel verdoppelt wird, wird der andere Wert .... Bei .... Zuordnungen heißt es je ...., desto .... Wenn der eine Wert zum Beispiel verdoppelt wird, wird der andere Wert .... Aufgaben zu Zuordnungen werden meistens mit dem .... gelöst.

A2 Sind die Zuordnungen eindeutig oder nicht? 3

a)

Anzahl	3	1	10	1	5
Preis	4,50 €	1,50 €	15 €	2 €	7,50 €

b)

Anzahl	5	3	6	12	1
Gewicht	10 kg	6 kg	12 kg	24 kg	2 kg

c)

Gewicht	7 kg	2 kg	1 kg	10 kg	4 kg
Preis	21 €	6 €	3 €	30 €	12 €

A3 Es wurden mehrere Zahlenpaare zugeordnet. Fülle aufgrund dessen die Zuordnungstabelle aus. 4 – 23, 1 – 11, 5 – 29, 9 – 45, 3 – 20, 11 – 53 6

Ausgangswert	....	....	....	....	....	....
Zugeordneter Wert	....	....	....	....	....	....

oder:
www.schuelerhilfe.de
/gute-noten
CODE 4530

bearbeitet am | zu erreichende Punktzahl 15 | erreichte Punktzahl des Schülers

➨ Ab 12 erreichten Punkten kannst du zum nächsten Test übergehen.

Test 68 Grundlagen

Schwierigkeitsgrad

A1 Sind die Zuordnungen eindeutig oder nicht?

4

a)

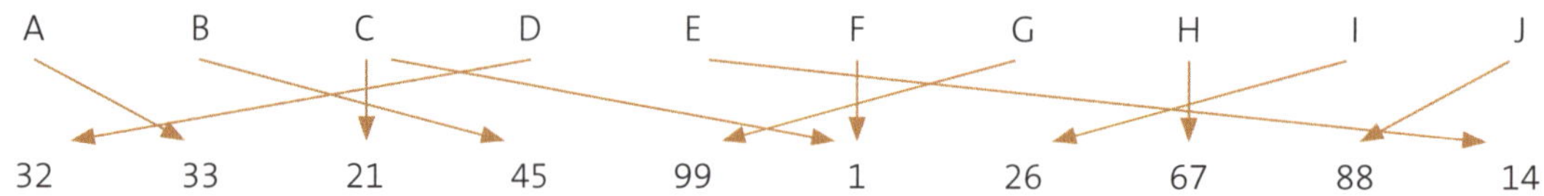

b)

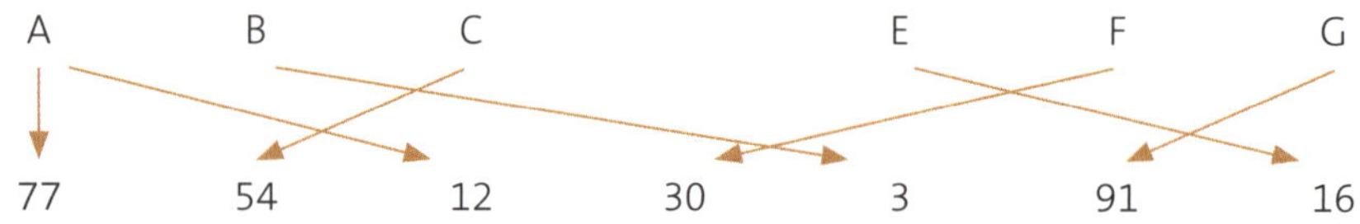

A2 Fülle die Tabellen aus.

6

a)

x-Wert	2	5	3	....	11
y-Wert	12	....	18	48	....

b)

x-Wert	5	12	9	....	10
y-Wert	40	....	72	24	....

A3 Löse die Aufgaben.

4

a) 5 Waffeln kosten zusammen 16€. Wie viel kosten 3 Waffeln?

Rechnung:

....	....	....
....	....	....

Antwort: .... €

b) 7 Kinder zahlen zusammen 38,50€ für den Zooeintritt. Wie viel zahlen 10 Kinder?

Rechnung:

....	....	....
....	....	....

Antwort: .... €

oder:
www.schuelerhilfe.de
/gute-noten
CODE 4530

bearbeitet am

zu erreichende Punktzahl: 14

erreichte Punktzahl des Schülers

➨ Ab 11 erreichten Punkten kannst du zum nächsten Test übergehen.

Test 69 Grundlagen

Schwierigkeitsgrad

A1 Bestimme den Zuordnungsfaktor. 3

a)

x-Wert	14	6	21	8
y-Wert	35	15	52,5	20

b)

x-Wert	19	11	3	27
y-Wert	30,4	17,6	4,8	43,2

c)

x-Wert	9	23	15	4
y-Wert	39,6	101,2	66	17,6

A2 Fülle die Tabelle aus. 6

a)

x-Wert	7	12	......	31	2	......
y-Wert	39,2	......	145,6	173,6	......	33,6

b)

x-Wert	11	2	8	24	......	......
y-Wert	132	......	96	......	48	204

c)

x-Wert	18	6	......	15	7	......
y-Wert	127,8	......	78,1	......	49,7	92,3

A3 Löse die Aufgaben mit dem Dreisatz. 6

a) Ein Elektrofachmarkt verkauft 143 Laptops für insgesamt 80 938€. Wie viel Geld bekommen sie noch für ihre übrigen 77 Laptops?

Rechnung: ....

....

Antwort: ...... €

b) Eine Eisdiele verdient an einem Sommerwochenende 236,80€ für 296 verkaufte Eiskugeln. Am nächsten Wochenende verdient sie sogar 256€. Wie viele Eiskugeln hat sie verkauft?

Rechnung: ....

....

Antwort: ...... €

c) Ein Bauer hat 68 Kühe, die insgesamt 88,4 Liter pro Tag geben. Wie viel Liter Milch bekommt der Bauer, wenn er sich noch 14 weitere Kühe kauft?

Rechnung: ....

....

Antwort: ...... €

bearbeitet am | zu erreichende Punktzahl: 15 | erreichte Punktzahl des Schülers

➡ Ab 12 erreichten Punkten kannst du zum nächsten Test übergehen.

Test 70 Proportionale Zuordnungen

Schwierigkeitsgrad

A1 Fülle den Lückentext aus. 7

Bei Zuordnungen ordnet man eine .... einer zweiten .... zu, wodurch .... zweier zugehöriger Werte entstehen. Bei proportionalen Zuordnungen heißt es: je .... , desto .... Verdoppelt sich der eine Wert, dann .... sich der andere Wert. Man löst Aufgaben zu proportionalen Zuordnungen oft mit dem ....

A2 Fülle die Tabellen der proportionalen Zuordnungen aus. 6

a)

Anzahl	Gewicht
1	3 kg
4	....

b)

Anzahl	Preis
1	7 €
5	....

c)

Anzahl	Länge
3	5 cm
6	....

d)

Anzahl	Gewicht
2	4 kg
4	....

e)

Anzahl	Preis
1	3 €
3	....

f)

Anzahl	Länge
4	2 cm
8	....

A3 Fülle die Tabelle der proportionalen Zuordnung aus. 6

Anzahl	1	2	3	4	5	10	20
Gewicht	4 kg	....	....	....	....	....	....

oder:
www.schuelerhilfe.de
/gute-noten
CODE 1586

bearbeitet am | zu erreichende Punktzahl: 19 | erreichte Punktzahl des Schülers

➨ Ab 15 erreichten Punkten kannst du zum nächsten Test übergehen.

Test 71 Proportionale Zuordnungen

Schwierigkeitsgrad

A1 **Fülle die Tabellen der proportionalen Zuordnungen aus.** 16

a)

x	y
9	36
1	
20	
44	
4	

b)

x	y
25	75
3	
	36
13	
9	

c)

x	y
16	80
7	
	95
13	
	115

d)

x	y
13	143
	264
4	
8	
	33

A2 **Zeigen die Tabellen proportionale Zuordnungen? Kreuze an. Wenn ja, bestimme den Zuordnungsfaktor.** 6

a)

x	5	9	13	2	27	19	4
y	35	63	91	14	189	133	28

Ja ☐ nein ☐ Zuordnungsfaktor: ....

b)

x	11	3	24	5	15	21	7
y	99	27	216	45	135	189	63

Ja ☐ nein ☐ Zuordnungsfaktor: ....

c)

x	18	21	3	9	12	26	5
y	216	252	36	108	144	312	60

Ja ☐ nein ☐ Zuordnungsfaktor: ....

bearbeitet am ______ zu erreichende Punktzahl: 22 erreichte Punktzahl des Schülers ______

➨ Ab 18 erreichten Punkten kannst du zum nächsten Test übergehen.

Test 72 Proportionale Zuordnungen

Schwierigkeitsgrad

A1 Fülle die Tabellen der proportionalen Zuordnungen aus. 16

a)

x	y
29	232
17	
	112
	304
12	

b)

x	y
13	156
8	
21	
	108
	180

c)

x	y
15	225
6	
	315
18	
	525

d)

x	y
8	152
	228
13	
24	
	209

A2 Zeigen die Tabellen proportionale Zuordnungen? Kreuze an. Wenn ja, bestimme den Zuordnungsfaktor. 6

a)

x	12	5	8	24	18	4	17
y	76	30	48	145	106	24	102

Ja ☐ nein ☐ Zuordnungsfaktor: ....

b)

x	7	12	3	18	21	9	6
y	91	156	39	234	273	117	78

Ja ☐ nein ☐ Zuordnungsfaktor: ....

A3 Löse die Textaufgaben. 2

Zwei Supermärkte haben jeweils ein Angebot für Kirschen. Im Supermarkt A zahlt man für 3 kg 1,50 €. Im Supermarkt B zahlt man für 5 kg 2 €. In welchem Supermarkt sind 1 kg Kirschen günstiger?

Rechnung: ....

Antwort: ....

oder:
www.schuelerhilfe.de
/gute-noten
CODE 1586

bearbeitet am

zu erreichende Punktzahl: 24

erreichte Punktzahl des Schülers

➡ Ab 19 erreichten Punkten kannst du zum nächsten Test übergehen.

Test 73 Antiproportionale Zuordnungen

Schwierigkeitsgrad

A1 Fülle den Lückentext aus. 6

Bei antiproportionalen Zuordnungen wird ein .... einem anderen .... zugeordnet. Man merkt sich: je ...., desto .... Verdoppelt sich der eine Wert, dann .... sich der andere Wert. Man löst Aufgaben zu antiproportionalen Zuordnungen meistens mit dem ....

A2 Fülle die Tabellen der antiproportionalen Zuordnungen aus. 6

a)

Arbeiter	Dauer
1	12h
4	....

b)

Personen	Äpfel
1	15
5	....

c)

Arbeiter	Dauer
3	10h
6	....

d)

Kinder	Bonbons
2	18
6	....

e)

Personen	Kekse
1	3
3	....

f)

Personen	Arbeitsdauer
4	16h
8	....

A3 Zeigen die Tabellen antiproportionale Zuordnungen? Kreuze an. 3

a)

Arbeiter	1	2	4	5	8	10	20
Dauer	40 h	20 h	10 h	8 h	5 h	4 h	2 h

Ja ☐ nein ☐

b)

Arbeiter	1	2	4	10	20	25	50
Dauer	100 h	50 h	25 h	10 h	5 h	4 h	2 h

Ja ☐ nein ☐

c)

Arbeiter	2	4	6	10	15	20	100
Dauer	50 h	25 h	16 h	10 h	6 h	5 h	1 h

Ja ☐ nein ☐

oder:
www.schuelerhilfe.de
/gute-noten
CODE 7486

bearbeitet am | zu erreichende Punktzahl: 15 | erreichte Punktzahl des Schülers

➡ Ab 12 erreichten Punkten kannst du zum nächsten Test übergehen.

Test 74 Antiproportionale Zuordnungen

Schwierigkeitsgrad

A 1 **Fülle die Tabellen der antiproportionalen Zuordnungen aus.**
(Tipp: wenn x sich verdoppelt, halbiert sich y) 16

a)

x	y
1	60
3	
4	
6	
	6

b)

x	y
2	160
1	
4	
	32
	8

c)

x	y
5	50
2	
	25
50	
	10

d)

x	y
10	30
1	
	150
5	
	50

A 2 **Zeigen die Tabellen antiproportionale Zuordnungen? Kreuze an.** 3

a)

Arbeiter	2	4	5	8	10	20	40
Dauer	40 h	20 h	16 h	10 h	80 h	4 h	2 h

Ja ☐ nein ☐

b)

Arbeiter	5	7	10	14	20	28	50
Dauer	140 h	100 h	70 h	50 h	35 h	25 h	14 h

Ja ☐ nein ☐

c)

Arbeiter	4	5	8	10	16	20	32
Dauer	200 h	160 h	100 h	80 h	50 h	40 h	25 h

Ja ☐ nein ☐

bearbeitet am | zu erreichende Punktzahl: 19 | erreichte Punktzahl des Schülers

➡ Ab 15 erreichten Punkten kannst du zum nächsten Test übergehen.

Test 75 Antiproportionale Zuordnungen

Schwierigkeitsgrad

A1 **Fülle die Tabellen der antiproportionalen Zuordnungen aus. (Tipp: Wenn x sich verdoppelt, halbiert sich y)** 16

a)

x	y
5	300
6	
	125
15	
	10

b)

x	y
13	240
15	
	156
26	
	104

c)

x	y
7	610
	854
14	
	122
70	

d)

x	y
22	60
	660
3	
5	
	40

A2 **Zeigen die Tabellen antiproportionale Zuordnungen? Kreuze an. Wenn ja, bestimme den Antiproportionalitätsfaktor.** 3

a)

Arbeiter	11	5	55	25	22	10	50
Dauer	325 h	715 h	65 h	143 h	162,5 h	357,5 h	71,5 h

Ja ☐ nein ☐ Antiproportionalitätsfaktor: ....

b)

Arbeiter	12	4	16	14	20	24	6
Dauer	651 h	1953 h	488,25 h	558 h	390,6 h	325,5 h	1302 h

Ja ☐ nein ☐ Antiproportionalitätsfaktor: ....

c)

Arbeiter	17	2	8	16	20	25	250
Dauer	320 h	2720 h	680 h	340 h	272 h	217,6 h	21,76 h

Ja ☐ nein ☐ Antiproportionalitätsfaktor: ....

A3 **Löse die Textaufgaben.** 1

Ein Supermarkt wird von 16 verschiedenen Großhändlern beliefert. Insgesamt bekommen sie von jedem je 632 Liter Milch pro Woche. Der Filialleiter beschließt noch 4 weitere Großhändler zu engagieren. Wie viel Liter Milch muss nun jeder Großhändler liefern, wenn der Supermarkt genauso viel Milch wie vorher haben möchte?

Rechnung: ....

Antwort: ....

oder:
www.schuelerhilfe.de
/gute-noten
CODE 7486

bearbeitet am | zu erreichende Punktzahl: 20 | erreichte Punktzahl des Schülers

➨ Ab 16 erreichten Punkten kannst du zum nächsten Test übergehen.

Test 76 Vermischte Zuordnungen

Schwierigkeitsgrad

A1 **Um welche Art von Zuordnung handelt es sich? Kreuze an.** 5

a)

x	1	2	4	6	8	10
y	5	10	20	30	40	50

☐ proportional
☐ antiproportional

b)

x	36	12	9	4	3	1
y	1	3	4	9	12	36

☐ proportional
☐ antiproportional

c)

x	48	24	18	12	6	3
y	60	120	160	240	480	960

☐ proportional
☐ antiproportional

d)

x	3	9	27	30	36	45
y	4	12	36	40	48	60

☐ proportional
☐ antiproportional

e)

x	2	3	4	6	8	24
y	12	8	6	4	3	1

☐ proportional
☐ antiproportional

A2 **Vervollständige die Tabellen der Zuordnungen. Handelt es sich hierbei um proportionale oder antiproportionale Zuordnungen?** 10

a)

x	30	25	24			
y	400		500	600	1000	1200

☐ proportional
☐ antiproportional

b)

x	3	6		12		24
y	115		345	460	575	

☐ proportional
☐ antiproportional

c)

x	60	3	15	45	30	5
y		12				20

☐ proportional
☐ antiproportional

d)

x	0,125	2	4	0,25		
y		2	1		0,125	0,5

☐ proportional
☐ antiproportional

e)

x	1	12	3		6	
y	96	8		12		9,6

☐ proportional
☐ antiproportional

oder:
www.schuelerhilfe.de
/gute-noten
CODE 0371

bearbeitet am | zu erreichende Punktzahl: 15 | erreichte Punktzahl des Schülers

Ab 12 erreichten Punkten kannst du zum nächsten Test übergehen.

Test 77 Vermischte Zuordnungen

Schwierigkeitsgrad

A1 **Vervollständige die Tabellen der Zuordnungen. Handelt es sich hierbei um proportionale oder antiproportionale Zuordnungen?** 10

a)

x	3,5	10,5	5,25			14	☐ proportional
y			4,5	18	6	12	☐ antiproportional

b)

x	0,25		2			32	☐ proportional
y	16	8		0,5	0,25	0,125	☐ antiproportional

c)

x	6			60	24	3	☐ proportional
y		10,75	34,4	8,6	21,5		☐ antiproportional

d)

x			396	198		22	☐ proportional
y	600	300	200		1200	3600	☐ antiproportional

e)

x	12,5	75	5	25	6,25	31,25	☐ proportional
y	27,5			55			☐ antiproportional

A2 **Löse die Textaufgaben.** 5

a) Ein Malerbetrieb hat 5 Mitarbeiter die für die Außenwände eines Hauses 60 Stunden brauchen. Zwei der Mitarbeiter sind kurzfristig krank geworden und können beim nächsten Haus nicht mitarbeiten. Wie lang braucht der Betrieb nun für das Streichen der Außenwände des nächsten Hauses?

....

b) Ein Schuhhersteller verkauft 150 Paar Schuhe für 10 000 €. Ein Großhändler möchte gerne 690 Paar des Schuhherstellers kaufen. Was kostet dieser Einkauf den Händler?

....

c) Ein Tischler benötigt für den Bau eines Beistelltisches 7 Stunden. Ein Hotel möchte gerne seine 12 Zimmer mit je zwei Tischen des Tischlers ausstatten. Wie lange braucht er für den Bau der Beistelltische?

....

d) Ein Paketdienst hat 230 Mitarbeiter, die 8 Stunden brauchen um das tägliche Aufgebot an Paketen auszuliefern. Wie viele Mitarbeiter müsste der Paketdienst einstellen, wenn diese Arbeit in 5 Stunden gemacht werden soll?

....

e) Ein Hersteller für Schrauben bekommt zwei verschiedene Angebote vorgeschlagen. Ein Großhändler möchte 140 000 Schrauben für einen Gesamtpreis von 84 000 € hergestellt bekommen. Ein anderer Großhändler schlägt dem Hersteller einen Preis von 42 000 € für die Herstellung von 75 000 Schrauben vor. Da der Hersteller nur die Kapazitäten hat um ein Angebot anzunehmen, möchte er nun gerne wissen, welches der beiden Angebote sich mehr rentiert (Tipp: Stückpreis).

....

oder:
www.schuelerhilfe.de/gute-noten
CODE 0371

bearbeitet am | zu erreichende Punktzahl: 15 | erreichte Punktzahl des Schülers

➡ Ab 12 erreichten Punkten kannst du zum nächsten Test übergehen.

Test 78 Vermischte Zuordnungen

Schwierigkeitsgrad

A1 Löse die Textaufgabe. 4

a) Ein Tischler benötigt für den Bau einer Holzkommode 11 Stunden. Ein Hotel möchte gerne seine 36 Zimmer mit je einer Kommode des Tischlers ausstatten. Wie lange braucht er für den Bau der Holzkommoden?

....

b) Die Materialkosten für eine Holzkommode belaufen sich auf 40 €. Hinzu kommen noch die Arbeitskosten von 12 € pro Arbeitsstunde. Wie viel kostet somit eine Holzkommode und wie hoch sind die Kosten für das Hotel?

....

c) Da dieser Auftrag für den Tischler alleine zu viel Zeit in Anspruch nimmt, stellt er zwei neue Mitarbeiter ein, die genauso schnell beim Bau der Kommode sind wie er. Wie lange braucht der Tischler mit seinen neuen Mitarbeitern nun für den Bau aller Holzkommoden?

....

d) Nachdem bereits 25 Holzkommoden fertig gebaut wurden verletzt sich der Tischler an der Hand und kann nicht mehr mitarbeiten. Wie viel Zeit benötigen die beiden Mitarbeiter jetzt noch für den Bau der restlichen Holzkommoden?

....

A2 Löse die Textaufgabe. 3

Ein Paketdienst hat 120 Mitarbeiter, die 6 Stunden brauchen um täglich 80 000 Pakete auszuliefern. Zur Weihnachtszeit erhöht sich die Menge an Paketen enorm.

a) Wie lange brauchen die Mitarbeiter, wenn täglich 150 000 Pakete ausgeliefert werden?

....

b) Wie viele Mitarbeiter müsste der Paketdienst einstellen, wenn er 100 000 Pakete in 5 Stunden ausliefern möchte?

....

c) Wie lange brauchen 180 Mitarbeiter für das ausliefern von 120 000 Paketen?

....

A3 Löse die Textaufgabe. 3

Ein Bauernhof hat 12 Hühner, die 20 Eier in 25 Tagen legen.

a) Wie lange dauert es, bis 30 Hühner 10 Eier gelegt haben?

....

b) Wie viele Eier legen 10 Hühner in 15 Tagen?

....

c) Wie viele Hühner braucht man, wenn man in 30 Tagen 30 Eier haben will?

....

oder:
www.schuelerhilfe.de
/gute-noten
CODE 0371

bearbeitet am | zu erreichende Punktzahl: 10 | erreichte Punktzahl des Schülers

➡ Ab 8 erreichten Punkten kannst du zum nächsten Test übergehen.

Test 79 Maßstäbe und Längenverhältnisse

Schwierigkeitsgrad

A1 Erkläre, was die Maßstäbe bedeuten. 6

a) 1 : 200

Antwort: .... cm auf der Karte entsprechen .... cm in der Wirklichkeit.

b) 1 : 10

Antwort: .... cm auf der Karte entsprechen .... cm in der Wirklichkeit.

c) 2 : 1

Antwort: .... cm auf der Karte entsprechen .... cm in der Wirklichkeit.

d) 150 : 1

Antwort: .... cm auf der Karte entsprechen .... cm in der Wirklichkeit.

e) 1 : 10 000

Antwort: .... cm auf der Karte entsprechen .... cm in der Wirklichkeit.

f) 10 : 1

Antwort: .... cm auf der Karte entsprechen .... cm in der Wirklichkeit.

A2 Eine Karte ist im Maßstab 1 : 100 abgebildet. 6

a) Wie lang ist 1 cm auf der Karte in der Wirklichkeit?

Antwort: .... cm

b) Wie lang sind 30 cm auf der Karte in der Wirklichkeit?

Antwort: .... cm

c) Wie lang sind 150 cm auf der Karte in der Wirklichkeit?

Antwort: .... cm

d) Wie lang sind 0,5 cm auf der Karte in der Wirklichkeit?

Antwort: .... cm

e) Wie lang sind 120 cm auf der Karte in Wirklichkeit?

Antwort: .... cm

f) Wie lang sind 0,1 cm auf der Karte in Wirklichkeit?

Antwort: .... cm

bearbeitet am | zu erreichende Punktzahl: 12 | erreichte Punktzahl des Schülers

➨ Ab 9 erreichten Punkten kannst du zum nächsten Test übergehen.

Test 80 Maßstäbe und Längenverhältnisse

Schwierigkeitsgrad

A1 Fülle die Lücken aus. 6

a) Maßstab 1 : 10 000

2 cm auf der Karte entsprechen .... cm in der Wirklichkeit.

b) Maßstab 2 : 5

1 cm auf der Karte entsprechen .... cm in der Wirklichkeit.

c) Maßstab 1 : 200

5 cm auf der Karte entsprechen .... cm in der Wirklichkeit.

d) Maßstab 3 : 1

6 cm auf der Karte entsprechen .... cm in der Wirklichkeit.

e) Maßstab 2 : 60

1 cm auf der Karte entsprechen .... cm in der Wirklichkeit.

f) Maßstab 8 : 2

4 cm auf der Karte entsprechen .... cm in der Wirklichkeit.

A2 Eine Karte ist im Maßstab 1 : 250 abgebildet. 6

a) Wie viel sind 2 cm auf der Karte in Wirklichkeit?

Antwort: .... cm

b) Wie viel sind 13 cm auf der Karte in Wirklichkeit?

Antwort: .... cm

c) Wie viel sind 0,04 cm auf der Karte in Wirklichkeit?

Antwort: .... cm

d) Wie viel sind 2500 cm in Wirklichkeit auf der Karte?

Antwort: .... cm

e) Wie viel sind 3750 cm in Wirklichkeit auf der Karte?

Antwort: .... cm

f) Wie viel sind 12 500 cm in Wirklichkeit auf der Karte?

Antwort: .... cm

oder:
www.schuelerhilfe.de
/gute-noten
CODE 4403

bearbeitet am | zu erreichende Punktzahl: 12 | erreichte Punktzahl des Schülers

➨ Ab 9 erreichten Punkten kannst du zum nächsten Test übergehen.

Test 81 Maßstäbe und Längenverhältnisse

Schwierigkeitsgrad

A1 Fülle die Lücken aus. 6

a) Maßstab 1 : 1

3 cm auf der Karte entsprechen .... cm in der Wirklichkeit.

b) Maßstab 15 : 2

30 cm auf der Karte entsprechen .... cm in der Wirklichkeit.

c) Maßstab 3 : 999

1 cm auf der Karte entsprechen .... cm in der Wirklichkeit.

d) Maßstab 5 : 200

2 cm auf der Karte entsprechen .... cm in der Wirklichkeit.

e) Maßstab 150 : 50

9 cm auf der Karte entsprechen .... cm in der Wirklichkeit.

f) Maßstab 10 : 200

4 cm auf der Karte entsprechen .... cm in der Wirklichkeit.

A2 Eine Karte ist im Maßstab 15 : 2 abgebildet. Runde, wenn nötig, auf zwei Nachkommastellen. 6

a) Wie viel sind 5 cm auf der Karte in Wirklichkeit?

Antwort: .... cm

b) Wie viel sind 90 cm auf der Karte in Wirklichkeit?

Antwort: .... cm

c) Wie viel sind 7,5 cm auf der Karte in Wirklichkeit?

Antwort: .... cm

d) Wie viel sind 100 cm in Wirklichkeit auf der Karte?

Antwort: .... cm

e) Wie viel sind 6,4 cm in Wirklichkeit auf der Karte?

Antwort: .... cm

f) Wie viel sind 0,5 cm in Wirklichkeit auf der Karte?

Antwort: .... cm

oder: www.schuelerhilfe.de/gute-noten
CODE 4403

bearbeitet am | zu erreichende Punktzahl: 12 | erreichte Punktzahl des Schülers

➠ Ab 9 erreichten Punkten kannst du zum nächsten Test übergehen.

Test 82 Textaufgaben

Schwierigkeitsgrad

A1 Löse die folgenden Aufgaben, welche proportionale Zuordnungen sind. 4

a) Ein Supermarkt verkauft Äpfel für 80 ct pro Stück. Wie viel kosten 9 Äpfel?

b) Ein Mensch trinkt täglich ca. 2 Liter Wasser. Wie viel trinkt er innerhalb von 4 Wochen?

c) Für 4 Portionen Bolognese benötigt man 500 Gramm Tomaten. Wie viele Tomaten werden benötigt, wenn man 6 Portionen kochen möchte?

d) Svenja geht montags bis freitags um 18 Uhr 4,5 km joggen. Wie viele Kilometer läuft sie in einer Woche.

A2 Sind die folgenden Zuordnungen anti-proportional, proportional oder keins von beidem? 3

a)

x	2	1	2,5	8
y	5	10	4	1,25

b)

x	1	8	3	6
y	1,5	12	4,5	9

c)

x	2	4	6	12
y	2,5	5	5,5	15

A3 Löse die folgenden Aufgaben, welche anti-proportionale Zuordnungen sind. 3

a) Zwei Gärtner brauchen 1 Stunde, um den Garten von Frau Meier zu bewässern.
Wie lange brauchen 4 Mitarbeiter?

b) Der Wasserfilter eines Pools braucht 18 Stunden um das Wasser komplett zu reinigen.
Wie lange brauchen 2 Filter?

c) Eine Reinigungsfirma mit 6 Mitarbeitern benötigt 3 Stunden um ein Bürogebäude zu reinigen.
Wie lange brauchen 9 Mitarbeiter?

bearbeitet am | zu erreichende Punktzahl: 10 | erreichte Punktzahl des Schülers

Ab 8 erreichten Punkten kannst du zum nächsten Test übergehen.

Test 83 Textaufgaben

Schwierigkeitsgrad

A1 Löse die folgenden Aufgaben, welche proportionale Zuordnungen sind. 4

a) In einem Gemüseladen kosten 4 kg Kartoffeln 3,60 €. Wie viel kosten 7 kg Kartoffeln?

b) Eine Packung Bleistifte mit 5 Stiften kostet 5,75 €. Wie viel müsste eine Packung mit 3 Stiften kosten?

c) Um 3 Portionen Pudding zu kochen braucht man 225 ml Milch. Wie viel Milch wird für 11 Portionen benötigt?

d) Für die Reinigung eines Pools werden je 1000 Liter 5 ml Chlorreiniger benötigt. Wie viel Chlorreiniger benötigt man für einen Pool der 50 000 Liter Wasser beinhaltet?

A2 Sind die folgenden Zuordnungen anti-proportional, proportional oder keins von beidem? 3

a)

x	1,5	3	2	0,5
y	10	5	7,5	30

b)

x	0,25	0,1	0,01	0,0003
y	60	150	1500	5000

c)

x	7	3	19	12
y	10,5	4,5	28,5	18

A3 Löse die folgenden Aufgaben, welche anti-proportionale Zuordnungen sind. 2

a) Für die Reinigung eines Schwimmbads werden 4 Pumpen gebraucht, damit dieser innerhalb von 24 Stunden komplett gereinigt wird. Im Sommer wird der Besucheransturm größer und das Wasser soll alle 16 Stunden komplett gereinigt werden. Wie viele Pumpen werden benötigt?

b) Um die Tiere in einem Zoo zu versorgen braucht der Zoo 10 Mitarbeiter, die jeweils 6 Stunden benötigen. Wie lange brauchen 8 Mitarbeiter?

bearbeitet am | zu erreichende Punktzahl: 9 | erreichte Punktzahl des Schülers

➠ Ab 7 erreichten Punkten kannst du zum nächsten Test übergehen.

Test 84 Textaufgaben

Schwierigkeitsgrad

A1 **Ein Tierpark besitzt insgesamt 35 Pinguine, welche täglich 4 kg Fisch benötigen. Die Fische bekommt der Tierparkt in 10 kg Packungen geliefert. Insgesamt kümmern sich 5 Mitarbeiter jeweils täglich 3 Stunden um die Tiere.** 5

a) Wie viele Packungen Fisch benötigt der Tierparkt für einen Tag?

....

b) Wie viele Packungen Fisch werden wöchentlich benötigt, wenn der Tierpark 5 weitere Pinguine bekommt?

....

c) Jede Packung Fisch kostet 30 Euro. Wie hohe Futterkosten hat der Tierpark jährlich bei dem neuen Bestand, wenn man von 52 Wochen pro Jahr ausgeht?

....

d) Einer der Mitarbeiter ist krank geworden. Wie viele Stunden müssen die verbliebenden Mitarbeiter arbeiten, damit die Arbeit komplett erledigt wird?

....

e) Der Tierpark besitzt im nächsten Jahr nun insgesamt 45 Pinguine und muss entweder einen neuern Mitarbeiter einstellen oder die Angestellten müssen mehr arbeiten. Wie viele Stunden hätte jeder Mitarbeiter täglich mehr zu arbeiten?

....

A2 **Ein Blumenladen ist täglich von 10 bis 18 Uhr geöffnet und verkauft pro Stunde 12 Blumensträuße für je 12,50 €. Ein Mitarbeiter kann pro Stunde 10 Sträuße binden. Der Laden hat von Montag bis Freitag geöffnet.** 6

a) Wie viele Blumensträuße verkauft der Laden an einem Tag?

....

b) Wie viel Geld nimmt der Laden täglich ein?

....

c) Wie viele Blumensträuße werden innerhalb von 5 Tagen verkauft, wenn der Blumenladen nun schon um 8 Uhr öffnet?

....

d) Wie viele Personalkosten hat der Laden täglich bei den neuen Öffnungszeiten, wenn jeder Mitarbeiter pro Stunden 11 Euro verdient?

....

e) Vor den Änderungen der Öffnungszeiten haben 2 Mitarbeiter jeweils 20 Stunden pro Woche gearbeitet. Wie viele Stunden pro Woche müssen diese nach den Änderungen arbeiten?

....

f) Der Blumenladen hat nun auch samstags und jeweils von 8 bis 18 Uhr geöffnet. Wie viele Mitarbeiter braucht der Blumenladen, damit jeder Mitarbeiter weiterhin nur 20 Stunden pro Woche arbeitet?

oder:
www.schuelerhilfe.de
/gute-noten
CODE 8197

bearbeitet am | zu erreichende Punktzahl: 11 | erreichte Punktzahl des Schülers

➡ Ab 9 erreichten Punkten kannst du zum nächsten Test übergehen.

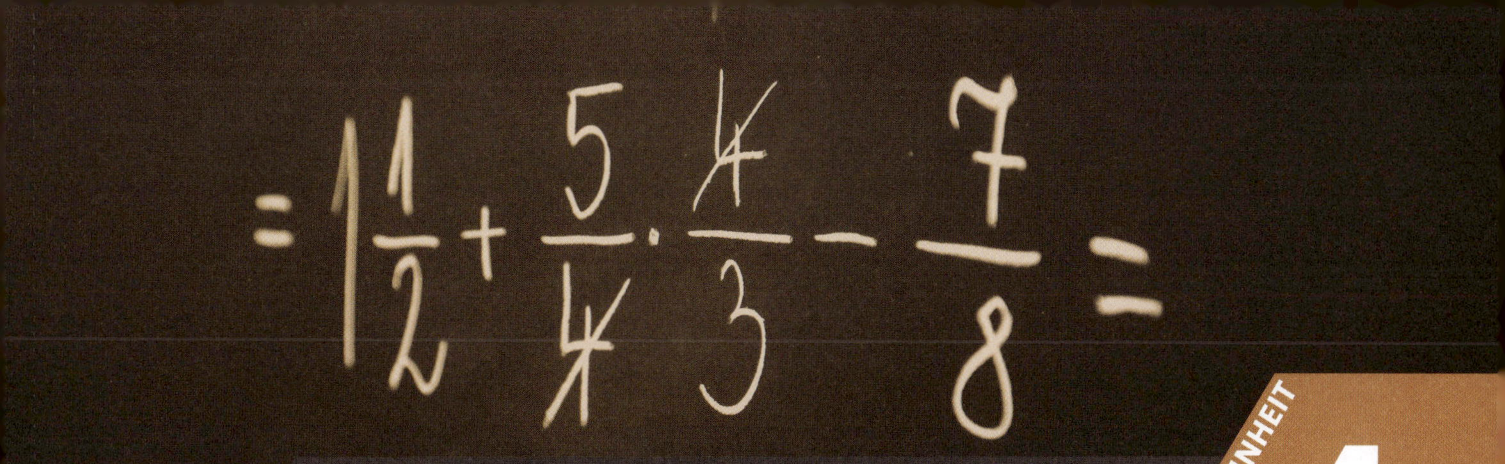

LERNEINHEIT 4

Rationale Zahlen

Test 85 Grundlagen. Darstellen, vergleichen, ordnen

Schwierigkeitsgrad

A1 Vergleiche die folgenden Zahlen, indem du <, > oder = einsetzt 4

a) $\frac{7}{3}$ $\frac{11}{2}$

b) $-\frac{12}{8}$ $\frac{2}{5}$

c) 4,5 9,4

d) 0,14 0,14

A2 Ordne die Zahlen. Beginne mit der kleinsten Zahl 3

a) $-1, -9, \frac{2}{7}, 2, 0$ ....

b) $3, -3, \frac{13}{5}, 5, -5$ ....

c) $20, 250, -300, 40$ ....

A3 Gib den dazugehörigen Bruch, bzw. die dazugehörige Dezimalzahl an 6

a)	$\frac{1}{5}$	
b)		0,75
c)		1,5
d)	$\frac{19}{10}$	
e)		−2,5
f)	$\frac{7}{2}$	

oder:
www.schuelerhilfe.de/gute-noten
CODE 5727

bearbeitet am | zu erreichende Punktzahl 13 | erreichte Punktzahl des Schülers

➨ Ab 10 erreichten Punkten kannst du zum nächsten Test übergehen.

Test 86 Grundlagen. Darstellen, vergleichen, ordnen

Schwierigkeitsgrad

A1 **In welchem Verhältnis stehen die Zahlen zueinander? Trage das passende Zeichen (<, >, =) in die Lücke ein** 6

a) 0,45 ☐ $\frac{3}{4}$

b) −1,01 ☐ −1,001

c) 1,2 ☐ $\frac{1}{2}$

d) 0,135 ☐ −0,153

e) 2,5 ☐ $\frac{25}{10}$

f) 0 ☐ $-\frac{6}{12}$

A2 **Sind die Aussagen wahr oder falsch?** 4

a) $\frac{15}{100} > \frac{30}{45}$ ☐ wahr ☐ falsch

b) $\frac{13}{5} < \frac{8}{4}$ ☐ wahr ☐ falsch

c) $-\frac{2}{7} = \frac{10}{35}$ ☐ wahr ☐ falsch

d) $\frac{9}{15} < 0,75$ ☐ wahr ☐ falsch

A3 **Welche Zahl gehört zu welcher Zahlenmenge? Kreuze an** 5

		N	Z	Z^+	Z^-	Q	Q^*	Q^+	Q^-
a)	0								
b)	12								
c)	−4,75								
d)	$\frac{3}{7}$								
e)	$-\frac{18}{6}$								

oder:
www.schuelerhilfe.de
/gute-noten
CODE 5727

bearbeitet am ______ zu erreichende Punktzahl: 15 erreichte Punktzahl des Schülers ______

➡ Ab 12 erreichten Punkten kannst du zum nächsten Test übergehen.

Test 87 Grundlagen. Darstellen, vergleichen, ordnen

Schwierigkeitsgrad

A1 Welche Zahl liegt genau in der Mitte?

5

a) −7 und 0 ……

b) −3,4 und −1,4 ……

c) 4,5 und 9,5 ……

d) −11 und −10,5 ……

e) −5,84 und 0 ……

A2 Ordne die Zahlen. Beginne mit der größten Zahl.

3

a) −7, −5, $\frac{17}{5}$, 12, 4 ……

b) 8, −6, $\frac{11}{5}$, 20, −30 ……

c) 0, 199, 99, −250, 49 ……

A3 Gib den zugehörigen Bruch bzw. die zugehörige Dezimalzahl an.

6

a)	$\frac{55}{4}$	
b)		0,12
c)		3,7
d)	$\frac{25}{5}$	
e)		−2,7
f)	$\frac{4}{5}$	

oder: www.schuelerhilfe.de/gute-noten
CODE 5727

bearbeitet am | zu erreichende Punktzahl: 14 | erreichte Punktzahl des Schülers

➡ Ab 11 erreichten Punkten kannst du zum nächsten Test übergehen.

Test 88 Addition und Subtraktion

Schwierigkeitsgrad

A1 Berechne die folgenden Aufgaben. 5

a) (−19) + (5) = ...

b) (+11) − (−7) = ...

c) (+ 3,5) + (+21) = ...

d) (+0,75) + (+10) − (−0,25) = ...

e) (+32,7) − (−21,4) = ...

A2 Welche Aussagen sind falsch? Korrigiere diese! 5

a) $(-\frac{11}{5})$ + $(+\frac{9}{5})$ = $\frac{20}{5}$ ....

b) $(+\frac{7}{2})$ + $(-\frac{4}{3})$ = $\frac{7}{6}$ ....

c) $(-\frac{20}{3})$ − 10 = $\frac{50}{3}$ ....

d) (+9,7) − (−12,3) = 22 ....

e) (+17) − (+15,25) = 13 ....

A3 Fülle die Lücken aus. 5

a) 97 − 13,5 = ...

b) (−20) + ... = 10

c) 16 − .... = 5,7

d) 54 − .... = 9,8

e) (−15,25) + ... = −7

oder:
www.schuelerhilfe.de
/gute-noten
CODE 8568

bearbeitet am | zu erreichende Punktzahl: 15 | erreichte Punktzahl des Schülers

➨ Ab 12 erreichten Punkten kannst du zum nächsten Test übergehen.

Test 89 Addition und Subtraktion

Schwierigkeitsgrad

A1 **Fülle die Felder der nachfolgenden Tabelle aus, indem du beide Zahlen subtrahierst.** 15

–	$\frac{1}{2}$	10	$\frac{10}{3}$	–11
$\left(-\frac{5}{4}\right)$	$\left(-\frac{5}{4}\right)-\frac{1}{2}=-\frac{7}{4}$			
14,75				
$\frac{9}{2}$				
(–20,5)				

A2 **Berechne die folgenden Aufgaben.** 5

a) 0,25 – (+3,75) + (–9,5) = ...

b) 2 – (–20) – (+3,85) = ...

c) 0,01 – (+1,2) – (–2,7) = ...

d) $\left(-\frac{13}{6}\right)$ + $\frac{2}{5}$ – $\frac{1}{2}$ = ...

e) (+13) – (–4) + (–15) = ...

A3 **Fülle die Lücken aus.** 5

a) (–25) – 30 + 145 = ...

b) (–10) + ... – 5 = 23

c) 14,75 + 7,25 – .... = 45,5

d) .... – 10 + 54,7 = 41,7

e) 63,75 + (–3,5) + 10 = ...

oder:
www.schuelerhilfe.de
/gute-noten
CODE 8568

bearbeitet am ______ zu erreichende Punktzahl: 25 erreichte Punktzahl des Schülers ______

➨ Ab 20 erreichten Punkten kannst du zum nächsten Test übergehen.

Test 90 Addition und Subtraktion

Schwierigkeitsgrad

A 1 **Jan möchte sich ein neues Smartphone für 300 € kaufen. Jedoch hat er den Überblick über seine Ein- und Ausgaben verloren. Berechne seinen aktuellen Kontostand und begründen Sie, ob er ich das neue Handy kaufen sollte. Sein Kontostand am Anfang des Jahres betrug 295 €.** 5

Januar	Einnahmen: 100 €	Ausgaben: −85
Februar	Einnahmen: 123 €	Ausgaben: −120
März	Einnahmen: 150 €	Ausgaben: −40

Aktueller Kontostand: ……………………………………

Hat er genug Geld, um das Handy zu kaufen? ……………………………………

A 2 **Elena misst für ihr Schulprojekt in Erdkunde die Temperatur eine Woche lang, jeweils morgens um 7 Uhr und abends um 21 Uhr. Berechne den Abstand zwischen der Morgen- und Abendtemperatur.** 7

	Um 7 Uhr morgens	Um 21 Uhr abends	Abstand
Montag	1,3 °C	4,1 °C	
Dienstag	3,9 °C	3,2 °C	
Mittwoch	2,3 °C	3,4 °C	
Donnerstag	0,1 °C	1,9 °C	
Freitag	0,9 °C	2,0 °C	
Samstag	3,0 °C	5,8 °C	
Sonntag	1,7 °C	4,2 °C	

oder:
www.schuelerhilfe.de
/gute-noten
CODE 8568

bearbeitet am | zu erreichende Punktzahl: 12 | erreichte Punktzahl des Schülers

➡ Ab 10 erreichten Punkten kannst du zum nächsten Test übergehen.

Test 91 Multiplikation und Division

Schwierigkeitsgrad

A 1 **Berechne die folgenden Aufgaben.** 5

a) 15 · (+4) = ...

b) (99) : (−11) = ...

c) (14) · (−2) = ...

d) (2,21) : (−1,3) = ...

e) (−9) · (+ 12) = ...

A 2 **Ergänze die Rechenquadrate, indem du die Zahlen der ersten Spalte mit bzw. durch die Zahlen der Reihen multiplizierst/dividierst.** 24

×	−15	0,5	3,5
0			
1			
−6,5			
3			

:	2	10	−4
−9			
4			
−2			
10			

A 3 **Fülle die Lücken aus.** 6

a) −4 · (−15) = ...

b) .... : (−8) = 3

c) −3,5 · 5 = ...

d) −62 : .... = −15,5

e) 7 · .... = 70

f) 192,5 : (−17,5) = ...

oder:
www.schuelerhilfe.de
/gute-noten
CODE 1376

bearbeitet am — zu erreichende Punktzahl: 35 — erreichte Punktzahl des Schülers

➠ Ab 28 erreichten Punkten kannst du zum nächsten Test übergehen.

Test 92 Multiplikation und Division

Schwierigkeitsgrad

A 1 **Die Ergebnisse stimmen hier nicht alle. Korrigiere diese.** 5

a)	17	·	(−0,5)	=	−8,5	....
b)	(55)	:	(−11)	=	5	....
c)	(5,5)	·	(10)	=	50	....
d)	(3,5)	:	(0,5)	=	7	....
e)	(−6)	·	(−7)	=	46	....

A 2 **Berechne schrittweise. Achte darauf, dass man erst die Division oder Multiplikation und dann die Addition oder Subtraktion berechnet. (Merke: Punktrechnung immer vor Strichrechnung.)** 5

a)	(−4,5)	·	2	+	9			=	....
b)	18	:	9	+	0,25			=	....
c)	0,75	:	(−3)	−	1			=	....
d)	15	·	$\left(\frac{1}{2}\right)$	+	14	−	20	=	....
e)	60	:	5	+	12	−	3	=	....

A 3 **Fülle die Lücken aus.** 6

a)	$\left(-\frac{12}{5}\right)$	·	....	=	6
b)	....	:	0,5	=	12
c)	....	·	(− 7)	=	$\frac{35}{4}$
d)	−22	:	....	=	11
e)	10	·	....	=	0,25
f)	14	:	....	=	28

oder:
www.schuelerhilfe.de
/gute-noten
CODE 1376

bearbeitet am | zu erreichende Punktzahl: 16 | erreichte Punktzahl des Schülers

Ab 13 erreichten Punkten kannst du zum nächsten Test übergehen.

Test 93 Multiplikation und Division

Schwierigkeitsgrad

A 1 **Schreibe die Rechnung auf und bestimme das Ergebnis.** 4

a) Multipliziere die Summe von 19 und −9 mit 7,25.

....

b) Dividiere die Summe von -8 und 15 durch 0,25.

....

c) Multipliziere die Differenz von 27 und 10 mit 2.

....

d) Dividiere die Differenz von 35 und 15 durch 10.

....

A 2 **Berechne schrittweise. Achte darauf, dass man erst die Division oder Multiplikation und dann die Addition oder Subtraktion berechnet.** 5

a)	$\frac{5}{7}$	×	14	+	(−10)	−	(+8,5)			=	....
b)	20	:	20	+	7,75	+	(−5,75)			=	....
c)	12,5	:	$\left(-\frac{1}{2}\right)$	−	25	+	50			=	....
d)	16	×	$\left(-\frac{1}{4}\right)$	+	0,75	−	9	+	30	=	....
e)	90	−	70	+	0,75	×	(−10)			=	....

A 3 **Fülle die Tabelle aus.** 6

	×	=
$\frac{1}{5}$	25	
2,27	4	
$\frac{1}{10}$	38	
	:	**=**
9,75	3	
15,25	$-\frac{1}{2}$	
10	0,25	

oder:
www.schuelerhilfe.de
/gute-noten
CODE 1376

bearbeitet am | zu erreichende Punktzahl: 15 | erreichte Punktzahl des Schülers

➨ Ab 12 erreichten Punkten kannst du zum nächsten Test übergehen.

5 Lerneinheit – Geometrie

Test 94 – Winkel messen und zeichnen

Schwierigkeitsgrad

A1 **Ergänze die Tabelle mit folgenden Stichwörtern: rechter, überstumpf, spitz, gestreckt, stumpf.** 5

	Bezeichnung	Art des Winkels
a)	$0 \leq \alpha < 90$	
b)	$\alpha = 90$	
c)	$90 < \alpha < 180$	
d)	$\alpha = 180$	
e)	$180 < \alpha < 360$	

A2 **Welche Winkelarten zeigen die Fotos. Verwende die Begriffe aus Aufgabe 1.** 5

a) .... b) .... c) .... d) .... e) ....

A3 **Ordne die Begriffe den Winkeln zu: Scheitelwinkel, Stufenwinkel, beliebig, Nebenwinkel, Wechselwinkel.** 5

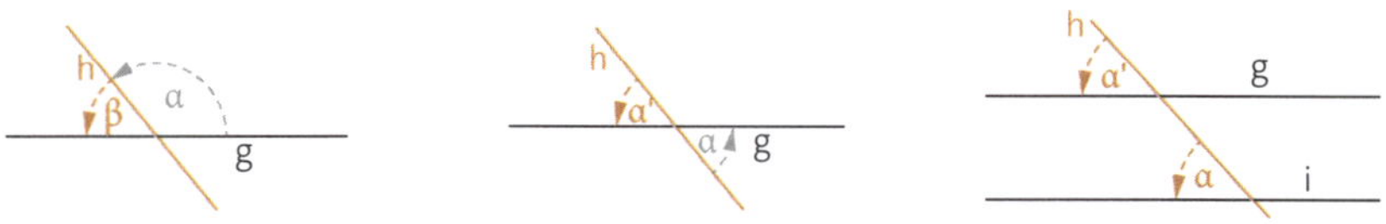

a) .... b) .... c) ....

d) .... e) ....

oder:
www.schuelerhilfe.de
/gute-noten
CODE 0365

bearbeitet am | zu erreichende Punktzahl 15 | erreichte Punktzahl des Schülers

➨ Ab 12 erreichten Punkten kannst du zum nächsten Test übergehen.

Test 95 Winkel messen und zeichnen

Schwierigkeitsgrad

A1 Gib an, ob es spitze, stumpfe, überstumpfe oder gestreckte Winkel sind. 5

a) 36° ....

b) 91° ....

c) 197° ....

d) 101° ....

e) 10° ....

A2 Miss die Winkel mit Hilfe eines Winkelmessers. 3

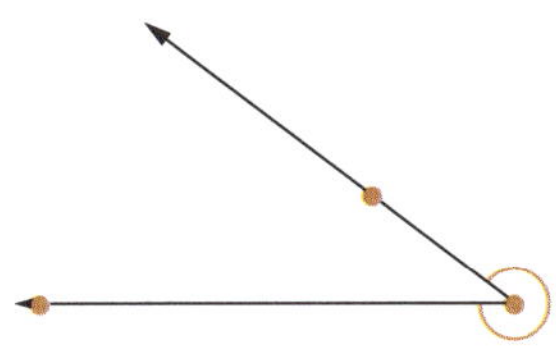

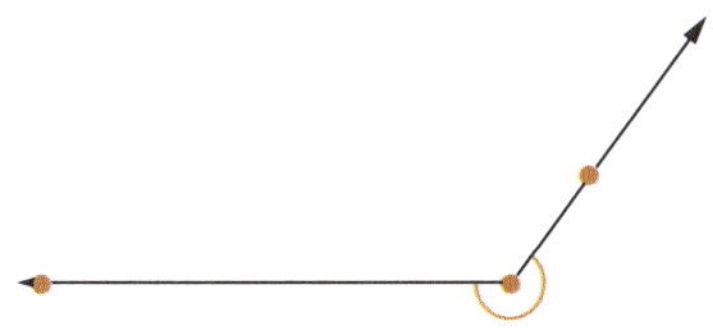

a) .... **b)** .... **c)** ....

A3 Gib das Maß des Winkels an. 3

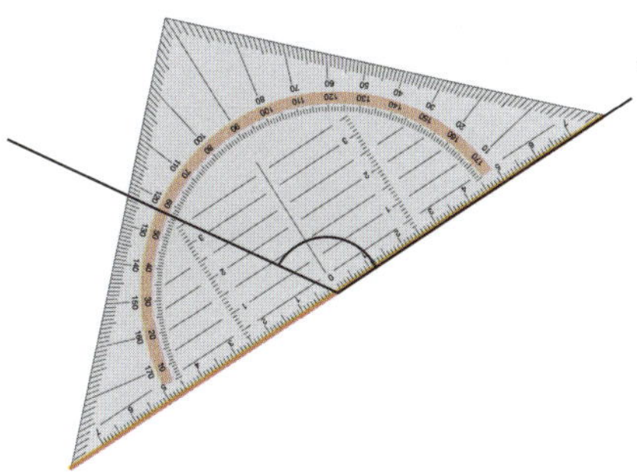

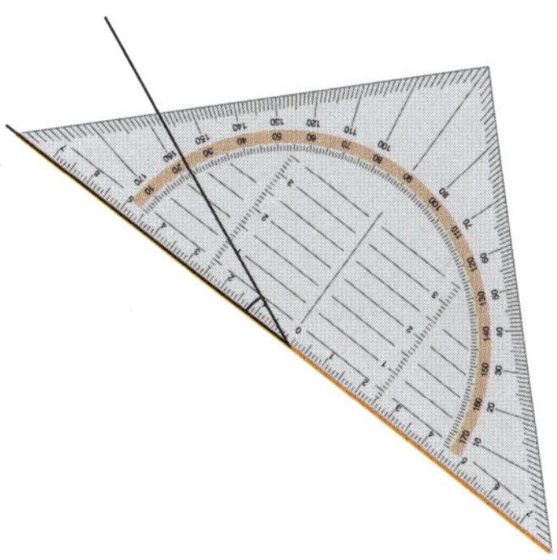

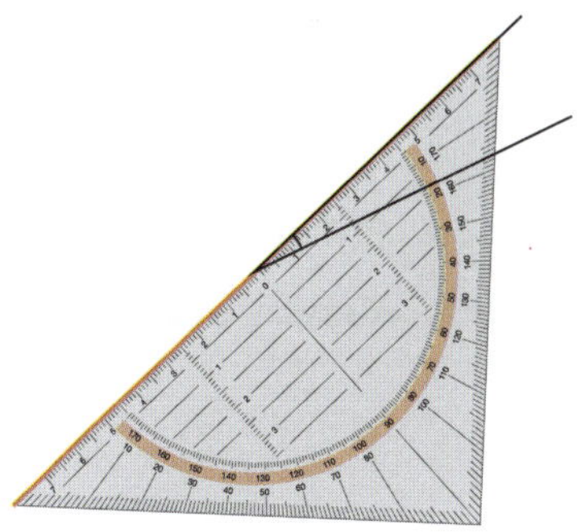

a) .... **b)** .... **c)** ....

oder:
www.schuelerhilfe.de
/gute-noten
CODE 0365

bearbeitet am | zu erreichende Punktzahl: 11 | erreichte Punktzahl des Schülers

➡ Ab 9 erreichten Punkten kannst du zum nächsten Test übergehen.

Test 96 Winkel messen und zeichnen

Schwierigkeitsgrad

A1 Miss die Winkel. 5

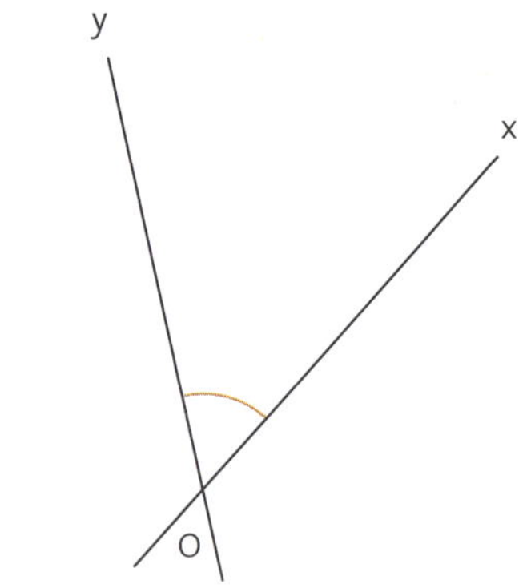

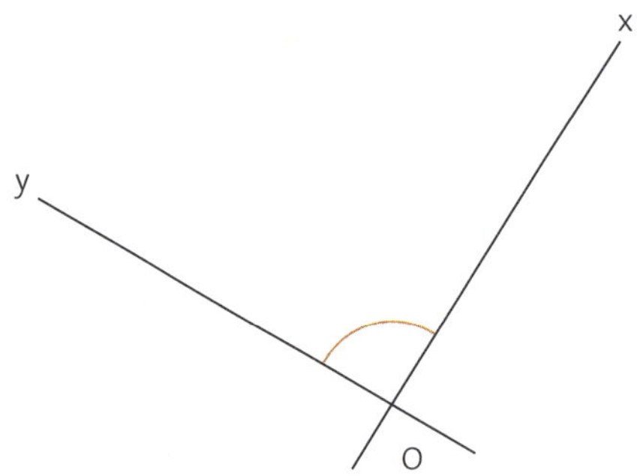

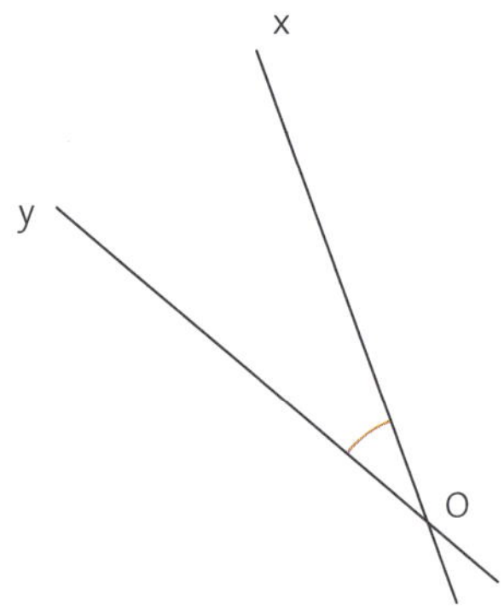

a) .... **b)** .... **c)** ....

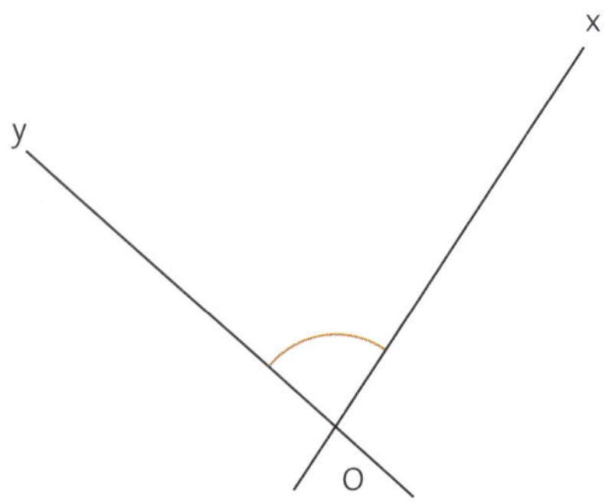

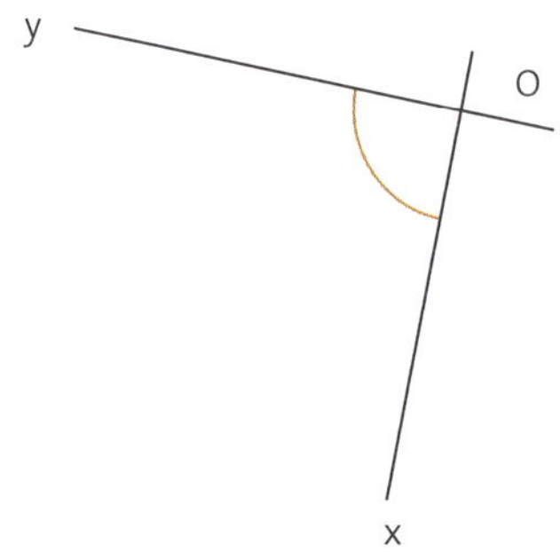

d) .... **e)** ....

A2 Löse die Aufgaben. 2

a) Welche Winkelarten gibt es?

....

b) Nenne für jede Winkelart ein Beispiel.

....

A3 Vervollständige die Sätze zu den Winkeln zweier sich schneidender Geraden. 3

a) Die gegenüber liegenden Winkel sind

....

b) Die nebeneinander liegenden Winkel ergeben

....

c) Alle Winkel zusammen ergeben

....

oder:
www.schuelerhilfe.de
/gute-noten
CODE 0365

bearbeitet am | zu erreichende Punktzahl: 10 | erreichte Punktzahl des Schülers

➨ Ab 8 erreichten Punkten kannst du zum nächsten Test übergehen.

Test 97 Mittelsenkrechte und Winkelhalbierende

Schwierigkeitsgrad

A1 **Entscheide, ob es Mittelsenkrechte sind oder nicht.** 5

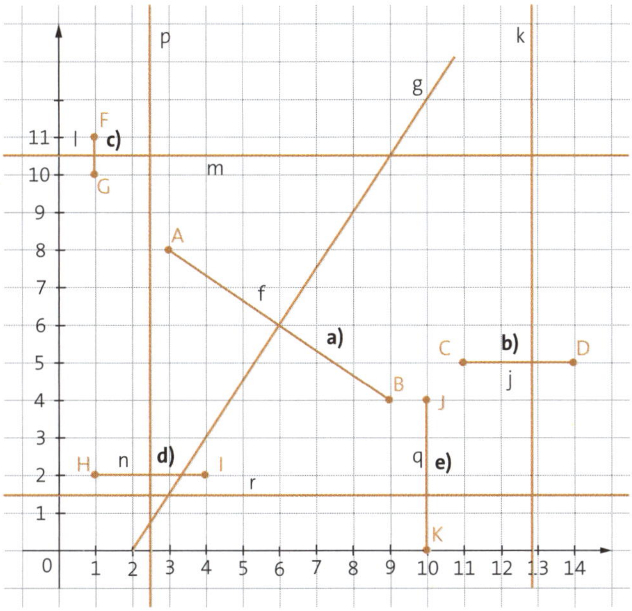

a) Ja ☐ nein ☐
b) Ja ☐ nein ☐
c) Ja ☐ nein ☐
d) Ja ☐ nein ☐
e) Ja ☐ nein ☐

A2 **Bringe die Konstruktion einer Winkelhalbierenden in die richtige Reihenfolge.** 1

a) Zirkel in den Schnittpunkt der Geraden einstechen und einen Kreis zeichnen. ....

b) Eine Gerade durch die Schnittpunkte der Kreise ziehen. ....

c) Zirkel in die Schnittpunkte des Kreises mit den Geraden einstechen und Kreise zeichnen. ....

A3 **Entscheide, ob es Winkelhalbierende sind oder nicht.** 5

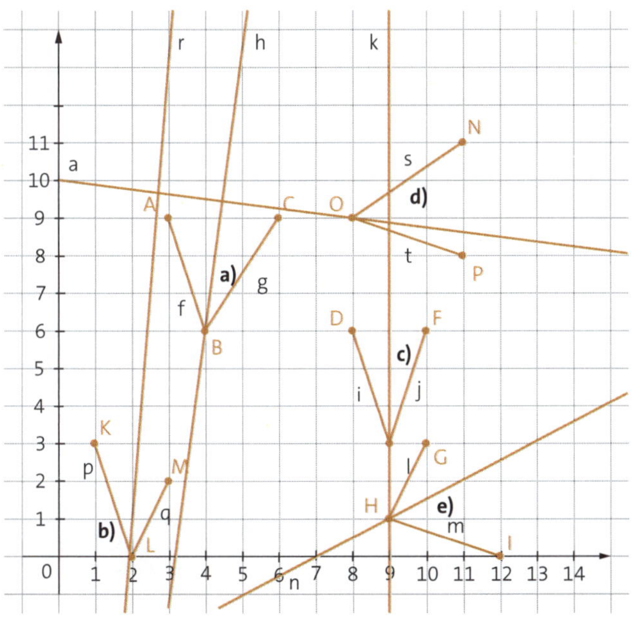

a) Ja ☐ nein ☐
b) Ja ☐ nein ☐
c) Ja ☐ nein ☐
d) Ja ☐ nein ☐
e) Ja ☐ nein ☐

bearbeitet am | zu erreichende Punktzahl: 11 | erreichte Punktzahl des Schülers

➡ Ab 9 erreichten Punkten kannst du zum nächsten Test übergehen.

Test 98 Mittelsenkrechte und Winkelhalbierende

Schwierigkeitsgrad

A1 Entscheide, welche Beschreibung die der Konstruktion einer Mittelsenkrechten ist und welche Beschreibung die der Konstruktion einer Winkelhalbierenden ist. 2

a) Wähle einen Radius der etwas größer ist als die Hälfte der Strecke. Stich den Zirkel in die beiden Randpunkte der Strecke und zeichne jeweils einen Kreis. Zeichne eine Gerade durch die Schnittpunkte der Kreise.

....

b) Stich den Zirkel in den Schnittpunkt der beiden Geraden und zeichne einen Kreis. Stich nun den Zirkel in die beiden Schnittpunkte des Kreises mit den Geraden und zeichne jeweils einen Kreis. Zeichne eine Gerade durch die Schnittpunkte der Kreise.

....

A2 Entscheide, welche Gerade eine Mittelsenkrechte ist. 3

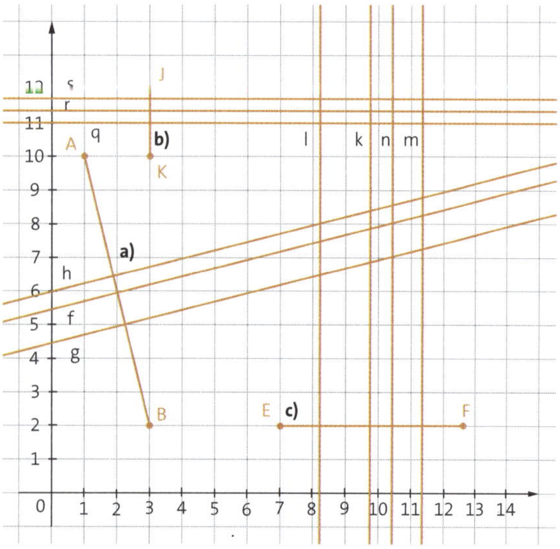

a) Ja ☐ nein ☐

b) Ja ☐ nein ☐

c) Ja ☐ nein ☐

A3 Entscheide, welche Gerade eine Winkelhalbierende ist. 3

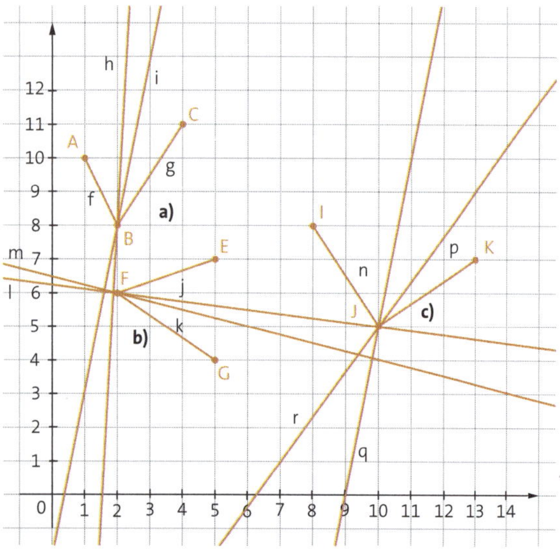

a) Ja ☐ nein ☐

b) Ja ☐ nein ☐

c) Ja ☐ nein ☐

oder:
www.schuelerhilfe.de/gute-noten
CODE 8291

bearbeitet am ______ zu erreichende Punktzahl: 8 erreichte Punktzahl des Schülers ______

➡ Ab 6 erreichten Punkten kannst du zum nächsten Test übergehen.

Test 99 Mittelsenkrechte und Winkelhalbierende

Schwierigkeitsgrad

A1 **Beschreibe die Konstruktion …** 2

a) einer Mittelsenkrechten

....

b) einer Winkelhalbierenden

....

A2 **Bei welchem Buchstaben liegt die Winkelhalbierende?** 4

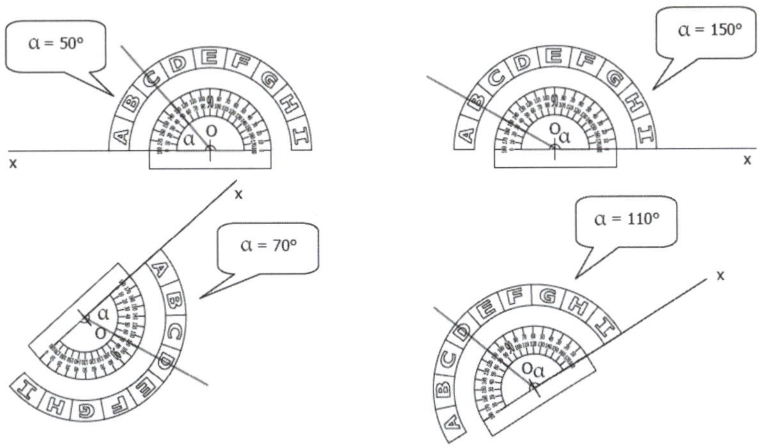

....

A3 **Bei welchem Buchstaben liegt die zweite Gerade? (Die gestrichelte Linie stellt die Winkelhalbierende dar)** 2

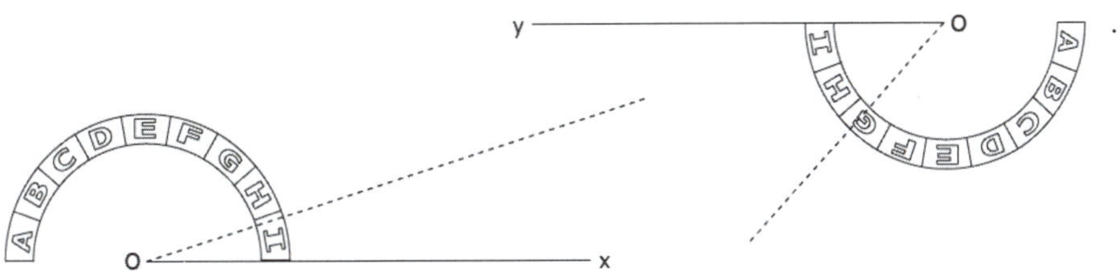

....

oder:
www.schuelerhilfe.de/gute-noten
CODE 8291

bearbeitet am | zu erreichende Punktzahl: 8 | erreichte Punktzahl des Schülers

➡ Ab 6 erreichten Punkten kannst du zum nächsten Test übergehen.

6 LERNEINHEIT

Geometrie – Flächeninhalte

Test 100 Rechteck und Dreieck

Schwierigkeitsgrad

A1 Ordne die Maße der Rechtecke ihren Flächeninhalten zu. 4

a) a = 3 cm, b = 6 cm
b) a = 40 mm, b = 15 mm
c) a = 10 cm, b = 2 cm
d) a = 55 mm, b = 20 mm

1. A = 20 cm^2
2. A = 6 cm^2
3. A = 11 cm^2
4. A = 18 cm^2

A2 Berechne den Flächeninhalt des Rechtecks. 4

a) a = 5 cm
b = 3 cm
A = ...

b) a = 4 cm
b = 7 cm
A = ...

c) a = 35 mm
b = 20 mm
A = ...

d) a = 9 cm
b = 5 cm
A = ...

A3 Ordne die Maße der gleichschenkligen Dreiecke ihren Flächeninhalten zu. 4

a) g = 7 cm, h = 3 cm
b) g = 40 mm, h = 55 mm
c) g = 4 cm, h = 9 cm
d) g = 65 mm, h = 20 mm

1. A = 18 cm^2
2. A = 10,5 cm^2
3. A = 6,5 cm^2
4. A = 11 cm^2

oder:
www.schuelerhilfe.de/gute-noten
CODE 9098

bearbeitet am | zu erreichende Punktzahl 12 | erreichte Punktzahl des Schülers

➨ Ab 10 erreichten Punkten kannst du zum nächsten Test übergehen.

Test 101 Rechteck und Dreieck

Schwierigkeitsgrad

A1 Ordne die Maße der Rechtecke ihren Flächeninhalten zu. Achte auf die Einheiten. 4

a) a = 65 mm, b = 45 mm

b) a = 1 dm, b = 72 mm

c) a = 75 mm, b = 55 mm

d) a = 40 mm, b = 28 mm

1. $A = 72\ cm^2$

2. $A = 11{,}2\ cm^2$

3. $A = 29{,}25\ cm^2$

4. $A = 41{,}25\ cm^2$

A2 Berechne den Flächeninhalt des Rechtecks. 4

a) a = 75 mm
b = 25 mm
A = ………………………… cm^2

b) a = 44 mm
b = 50 mm
A = ………………………… cm^2

c) a = 35 mm
b = 65 mm
A = ………………………… cm^2

d) a = 29 mm
b = 8 cm
A = ………………………… cm^2

A3 Ordne die Maße der gleichschenkligen Dreiecke ihren Flächeninhalten zu. 4

a) g = 72 mm, h = 30 mm

b) g = 15 mm, h = 2 dm

c) g = 62 mm, h = 7 cm

d) g = 50 mm, h = 65 mm

1. $A = 16{,}25\ cm^2$

2. $A = 15\ cm^2$

3. $A = 10{,}8\ cm^2$

4. $A = 21{,}7\ cm^2$

oder:
www.schuelerhilfe.de
/gute-noten
CODE 9098

bearbeitet am | zu erreichende Punktzahl: 12 | erreichte Punktzahl des Schülers

➨ Ab 10 erreichten Punkten kannst du zum nächsten Test übergehen.

Test 102 Rechteck und Dreieck

Schwierigkeitsgrad

A1 **Berechne den Flächeninhalt des Rechtecks. Kreuze an.** 4

a) a = 5,5 cm, b = 10,2 cm

1. 31,4 cm^2 ☐
2. 56,1 cm^2 ☐
3. 54,6 cm^2 ☐
4. 32,6 cm^2 ☐

b) a = 88 mm, b = 105 mm

1. 92,4 cm^2 ☐
2. 91,8 cm^2 ☐
3. 92,4 mm^2 ☐
4. 91,8 mm^2 ☐

c) a = 126 mm, b = 15 cm

1. 187,2 mm^2 ☐
2. 189 mm^2 ☐
3. 187,2 cm^2 ☐
4. 189 cm^2 ☐

d) a = 20,5 cm, b = 14 cm

1. 287 mm^2 ☐
2. 287 cm^2 ☐
3. 290 mm^2 ☐
4. 290 cm^2 ☐

A2 **Hier wurden die Flächeninhalte von Rechtecken berechnet. Fülle die Lücken aus.** 4

a) a = 13,5 cm
b = ... cm
A = 168,75 cm^2

b) a = ... mm
b = 240 mm
A = 244,8 cm^2

c) a = ... cm
b = 15,2 cm
A = 129,2 cm^2

d) a = 48 mm
b = ... mm
A = 83,52 cm^2

A3 **Berechne den Flächeninhalt des gleichschenkligen Dreiecks.** 4

a) g = 16,5 cm, h = 4,6 cm
A = ...

b) g = 215 mm, h = 6,8 cm
A = ...

c) g = 5,4 cm, h = 179 mm
A = ...

d) g = 32 cm, h = 4,7 cm
A = ...

oder:
www.schuelerhilfe.de
/gute-noten
CODE 9098

bearbeitet am | zu erreichende Punktzahl: 12 | erreichte Punktzahl des Schülers

➨ Ab 10 erreichten Punkten kannst du zum nächsten Test übergehen.

Test 103 Parallelogramm und Trapez

Schwierigkeitsgrad

A1 **Berechne den Flächeninhalt des Parallelogramms.** 4

a) a = 4 cm
h = 3 cm
A = ... cm^2

b) a = 2,5 cm
h = 2 cm
A = ... cm^2

c) a = 5 cm
h = 4,5 cm
A = ... cm^2

d) a = 2 cm
h = 6 cm
A = ... cm^2

A2 **Berechne die fehlenden Werte für das Parallelogramm.** 3

	a	h	A
a)	6 cm	.... cm	18 cm^2
b)	.... cm	3,5 cm	14 cm^2
c)	7,5 cm	.... cm	15 cm^2

A3 **Berechne den Flächeninhalt des Trapezes.** 4

a) a = 5 cm
c = 11 cm
h = 4 cm
A = ... cm^2

b) a = 3,5 cm
c = 6 cm
h = 3 cm
A = ... cm^2

c) a = 4 cm
c = 10,5 cm
h = 5
A = ... cm^2

d) a = 6
c = 7
h = 4
A = ... cm^2

bearbeitet am | zu erreichende Punktzahl: 11 | erreichte Punktzahl des Schülers

➨ Ab 9 erreichten Punkten kannst du zum nächsten Test übergehen.

Test 104 Parallelogramm und Trapez

Schwierigkeitsgrad

A1 Berechne den Flächeninhalt des Parallelogramms. 4

a) A = ... cm^2

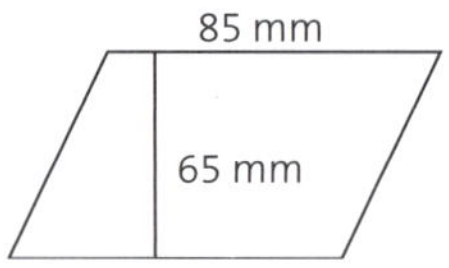

b) A = ... cm^2

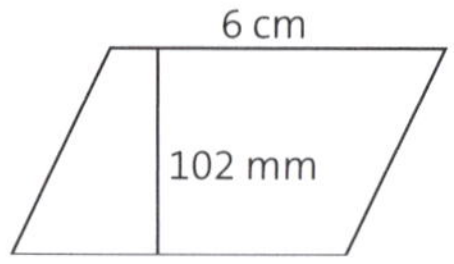

c) A = ... cm^2

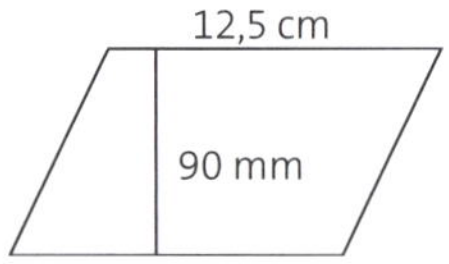

d) A = ... cm^2

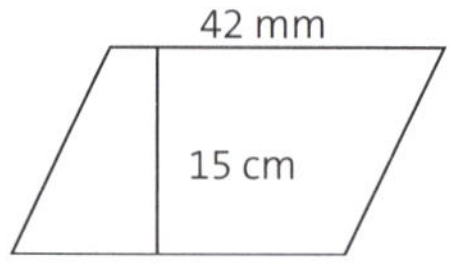

A2 Berechne die fehlenden Werte des Parallelogramms. 4

	a	h	A
a)	.... cm	82 mm	123 cm^2
b)	11,5 cm	.... cm	119,6 cm^2
c)	128 mm	.... cm	51,2 cm^2
d)	.... cm	14,5 cm	133,4 cm^2

A3 Berechne den Flächeninhalt des Trapezes. 3

a) A = ... cm^2

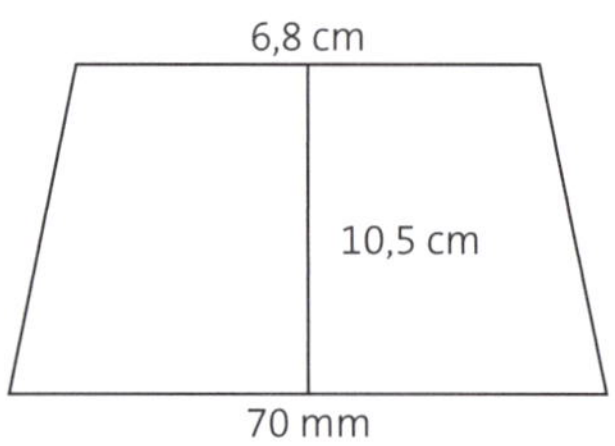

b) A = ... cm^2

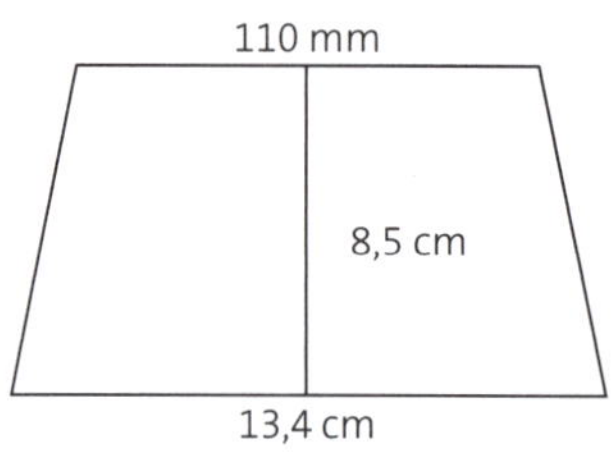

c) A = ... cm^2

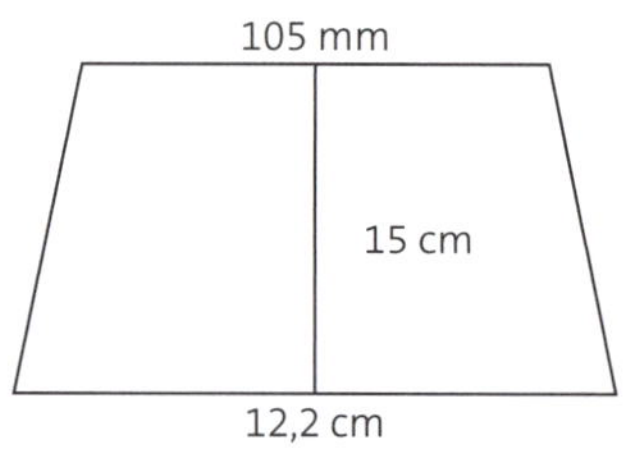

oder:
www.schuelerhilfe.de
/gute-noten
CODE 6056

bearbeitet am ______ zu erreichende Punktzahl: 11 erreichte Punktzahl des Schülers ______

➡ Ab 9 erreichten Punkten kannst du zum nächsten Test übergehen.

Test 105 Parallelogramm und Trapez

Schwierigkeitsgrad

A 1 **Berechne den Flächeninhalt des Parallelogramms.** 4

a) a = 4,4 cm
h = 95 mm
A = ... cm^2

b) a = 111 mm
h = 2 dm
A = ... cm^2

c) a = 31,2 cm
h = 10,5 cm
A = ... cm^2

d) a = 1,44 dm
h = 1,8 dm
A = ... cm^2

A 2 **Berechne die fehlenden Werte des Parallelogramms.** 4

	a	h	A
a)	15 mm	.... mm	165 mm^2
b)	.... dm	4,1 dm	348,5 cm^2
c)	21, 3 cm	.... cm	123,54 cm^2
d)	.... mm	98 mm	1,176 dm^2

A 3 **Berechne die fehlenden Werte des Trapezes.** 4

	a	c	h	A
a)	.... cm	266 mm	5,6 cm	103,04 cm^2
b)	1,55 dm	17,3 cm	.... mm	78,72 cm^2
c)	16,6 cm	.... mm	8,9 cm	211,82 cm^2
d)	88 mm	2,34 dm	19 cm	.... cm^2

bearbeitet am | zu erreichende Punktzahl: 12 | erreichte Punktzahl des Schülers

➨ Ab 10 erreichten Punkten kannst du zum nächsten Test übergehen.

Test 106 Drachenviereck und Raute

Schwierigkeitsgrad

A1 **Kreuze die richtige Antwort an. Hier handelt es sich um Drachenvierecke.** 3

a) e = 5 cm, f = 2 cm

1. A = 4 cm² ☐
2. A = 5 cm² ☐
3. A = 8 cm² ☐
4. A = 10 cm² ☐

b) e = 5 cm, f = 4 cm

1. A = 10 cm² ☐
2. A = 12 cm² ☐
3. A = 16 cm² ☐
4. A = 20 cm² ☐

c) e = 4 cm, f = 3 cm

1. 3 cm² ☐
2. 4 cm² ☐
3. 5 cm² ☐
4. 6 cm² ☐

A2 **Berechne den Flächeninhalt des Drachenvierecks.** 4

a) e = 5 cm
f = 3 cm
A = ... cm²

b) e = 7 cm
f = 6 cm
A = ... cm²

c) e = 8 cm
f = 2 cm
A = ... cm²

d) e = 6 cm
f = 3 cm
A = ... cm²

A3 **Berechne den Flächeninhalt der Raute.** 4

a) a = 4 cm
h = 2 cm
A = ... cm²

b) a = 8 cm
h = 4 cm
A = ... cm²

c) a = 3 cm
h = 5 cm
A = ... cm²

d) a = 7 cm
h = 3 cm
A = ... cm²

oder:
www.schuelerhilfe.de
/gute-noten
CODE 0402

bearbeitet am | zu erreichende Punktzahl: 11 | erreichte Punktzahl des Schülers

➨ Ab 9 erreichten Punkten kannst du zum nächsten Test übergehen.

Test 107 Drachenviereck und Raute

Schwierigkeitsgrad

A1 **Kreuze die richtige Antwort an. Hier handelt es sich um Drachenvierecke.** 3

a) e = 5,5 cm; f = 4 cm

1. 9 cm^2 ☐
2. 10 cm^2 ☐
3. 11 cm^2 ☐
4. 12 cm^2 ☐

b) e = 8 cm; f = 4,5 cm

1. 12 cm^2 ☐
2. 14 cm^2 ☐
3. 16 cm^2 ☐
4. 18 cm^2 ☐

c) e = 6,5 cm; f = 6 cm

1. 19,5 cm^2 ☐
2. 20,5 cm^2 ☐
3. 22 cm^2 ☐
4. 24,5 cm^2 ☐

A2 **Berechne den Flächeninhalt des Drachenvierecks.** 4

a) e = 7 cm
f = 3,5 cm
A = ... cm^2

b) e = 8,5
f = 4,5
A = ... cm^2

c) e = 6 cm
f = 5,5 cm
A = ... cm^2

d) e = 9,5 cm
f = 2,5 cm
A = ... cm^2

A3 **Berechne den Flächeninhalt der Raute.** 4

a) e = 4,5 cm
f = 3,5 cm
A = ... cm^2

b) a = 6,5 cm
h = 5,5 cm
A = ... cm^2

c) e = 8 cm
f = 7,5 cm
A = ... cm^2

d) a = 7 cm
h = 4,5 cm
A = ... cm^2

oder:
www.schuelerhilfe.de
/gute-noten
CODE 0402

bearbeitet am ______ zu erreichende Punktzahl: 11 erreichte Punktzahl des Schülers ______

➨ Ab 9 erreichten Punkten kannst du zum nächsten Test übergehen.

Test 108 Drachenviereck und Raute

Schwierigkeitsgrad

A1 Kreuze die richtige Antwort an. 3

a) e = 9,2 cm; f = 4,8 cm

1. $20{,}15\ cm^2$ ☐
2. $22{,}08\ cm^2$ ☐
3. $23{,}25\ cm^2$ ☐
4. $25{,}\ 06\ cm^2$ ☐

b) e = 6,4 cm; f = 4,5 cm

1. $14{,}4\ cm^2$ ☐
2. $15{,}5\ cm^2$ ☐
3. $16{,}6\ cm^2$ ☐
4. $17{,}7\ cm^2$ ☐

c) e = 7,5 cm; f = 6,8 cm

1. $20{,}5\ cm^2$ ☐
2. $22{,}5\ cm^2$ ☐
3. $25{,}5\ cm^2$ ☐
4. $27{,}5\ cm^2$ ☐

A2 Berechne den Flächeninhalt des Drachenvierecks. 4

a) e = 7,2 cm
f = 68 mm
A = ... cm^2

b) e = 5,5cm
f = 3,8 cm
A = ... cm^2

c) e = 1,05 dm
f = 32 mm
A = ... cm^2

d) e = 9,4 cm
f = 46 mm
A = ... cm^2

A3 Berechne den Flächeninhalt der Raute. 4

a) e = 5,9 cm
f = 32 mm
A = ... cm^2

b) e = 0,85 dm
f = 4,8 cm
A = ... cm^2

c) a = 97 mm
h = 2,5 cm
A = ... cm^2

d) a = 102 mm
h = 0,5 dm
A = ... cm^2

bearbeitet am | zu erreichende Punktzahl: 11 | erreichte Punktzahl des Schülers

➨ Ab 9 erreichten Punkten kannst du zum nächsten Test übergehen.

Test 109 Zusammengesetzte Flächen

Schwierigkeitsgrad

Die Bilder sind hierbei nur Skizzen, sie sind nicht maßstabsgerecht.

A1 **Gegeben ist die folgende Figur bestehend aus einem Quadrat und einem rechtwinkligen Dreieck. Berechne den Flächeninhalt.** | 1

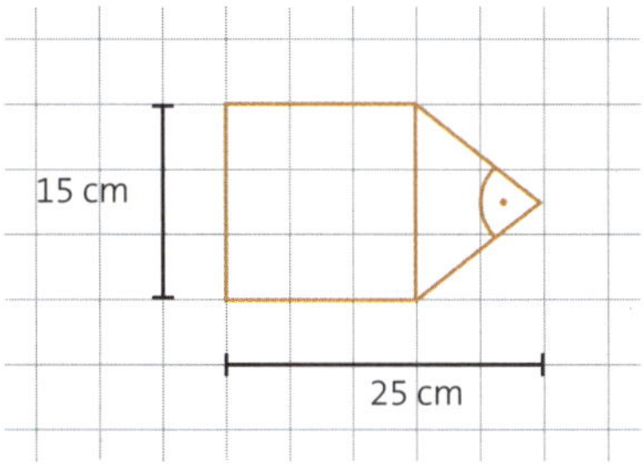

A = ...

A2 **Berechne.** | 2

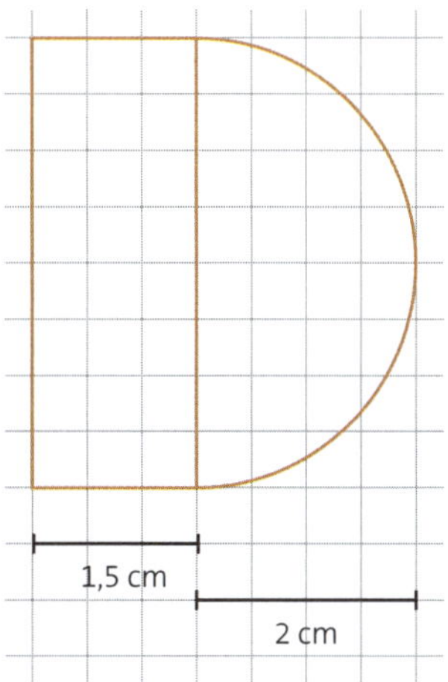

a) die Fläche von Abb. 2.

....

b) den Umfang von Abb. 2.

....

A3 **Berechne die Fläche von Abb. 3.** | 1

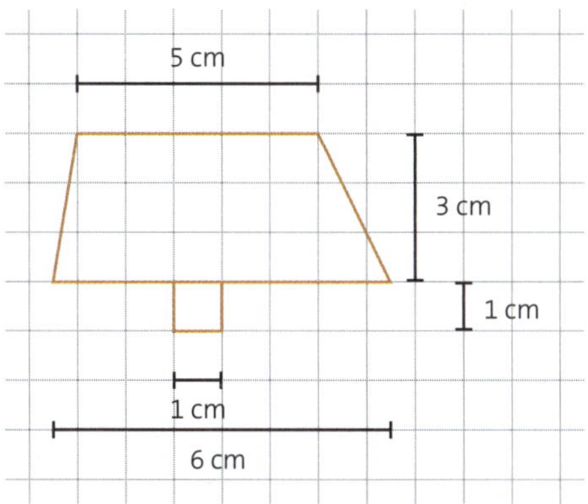

A = ...

oder:
www.schuelerhilfe.de/gute-noten
CODE 4482

bearbeitet am | zu erreichende Punktzahl: 4 | erreichte Punktzahl des Schülers

➨ Ab 3 erreichten Punkten kannst du zum nächsten Test übergehen.

Test 110 Zusammengesetzte Flächen

Schwierigkeitsgrad

Die genutzten Skizzen sind nicht maßstabsgetreu und dienen nur der Veranschaulichung. Gib die Werte ohne Maßeinheit und auf zwei Nachkommastellen genau an. π kann als 3,14 angenommen werden.

A1 **Berechne (Tipp: Es handelt sich um ein rechtwinkliges Dreieck und eine Raute.)** 2

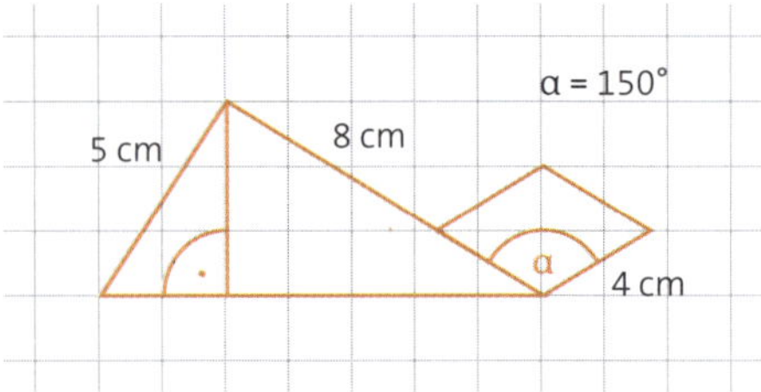

a) die Fläche und

....

b) den Umfang von Abb. 1.

....

A2 **Berechne die Fläche von Abb. 2.** 1

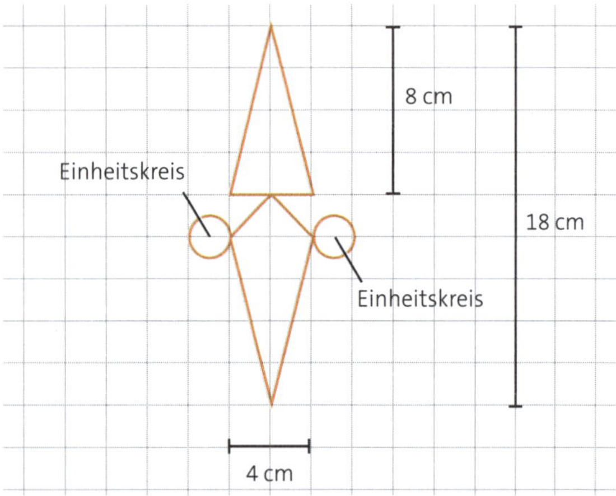

....

....

....

....

....

A3 **Der Punkt in den Maßangaben steht für ein Komma, also 20.0 cm sind 20 cm. Berechne.** 2

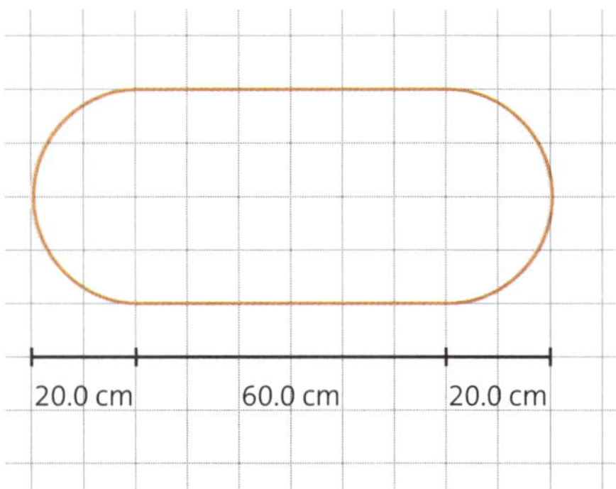

a) die Fläche und

....

b) den Umfang von Abb. 3.

....

oder: www.schuelerhilfe.de /gute-noten CODE 4482

bearbeitet am | zu erreichende Punktzahl: 5 | erreichte Punktzahl des Schülers

➨ Ab 4 erreichten Punkten kannst du zum nächsten Test übergehen.

Test 111 Zusammengesetzte Flächen

Schwierigkeitsgrad

Runde alle Werte auf zwei Nachkommastellen. Nimm π als 3,14 an.

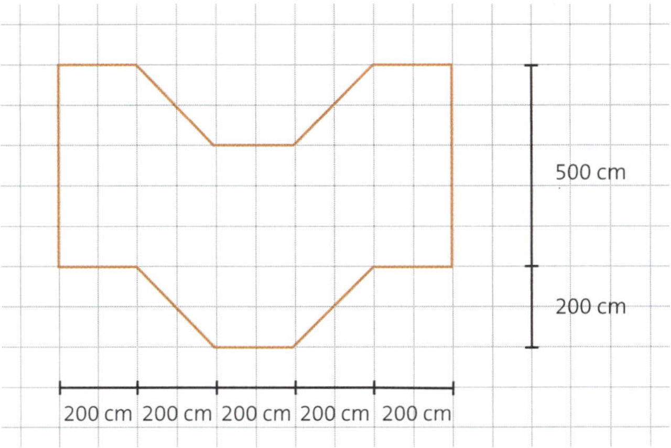

Abb. 1

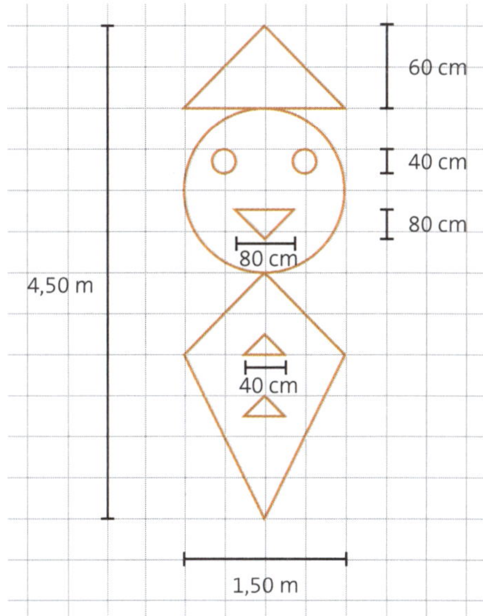

Abb. 2

A1 **Berechne die Fläche von Abb. 1.** 1

....

A2 **Berechne die Fläche von Abb. 2. Rechne hierbei auch alle Zwischenschritte auf zwei Nachkommastellen gerundet. Die Dreiecke in der unteren Form sind dabei gleichschenklig.** 1

....

A3 **Mia möchte ihr Zimmer neu streichen. Bevor sie aber Farbe kauft, möchte sie wissen, wie viel Fläche sie überhaupt zu streichen hat. Links ist ihr Zimmer aufgezeichnet, rechts der Grundriss. Berechne die Fläche von Abb. 3 für sie. (Tipp: Das große Fenster hat einen Abstand von 80 cm zu jeder Seite.)** 1

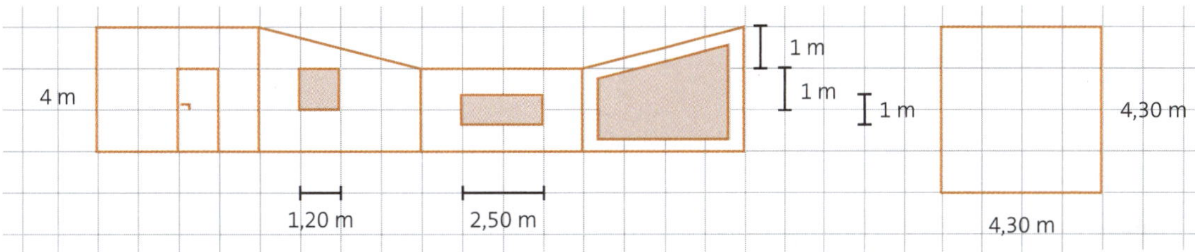

....

....

....

oder:
www.schuelerhilfe.de
/gute-noten
CODE 4482

bearbeitet am | zu erreichende Punktzahl: 3 | erreichte Punktzahl des Schülers

➨ Ab 2 erreichten Punkten kannst du zum nächsten Test übergehen.

7 LERNEINHEIT

Abschlusstest

Test 112 Abschlusstest – Teil 1 von 3

A 1 Rechne jeweils entweder in einen komplett gekürzten Bruch um oder in eine Dezimalzahl in Prozent. 6

a) $\frac{37}{50}$ ....

b) $\frac{19}{20}$ ....

c) 35 % ....

d) 43 % ....

e) $\frac{1}{3}$ ....

f) 34 % ....

A 2 Berechne jeweils den fehlenden Wert: Grundwert G, Prozentsatz p% oder Prozentwert P. 6

a) G = 450 € p% = 23 % ....

b) G = 776 € P = 419,04 € ....

c) p% = 27 % P = 3618 € ....

d) G = 1450 € p% = 160 % ....

e) G = 103 € P = 3,09 € ....

f) p% = 124 % P = 6758 € ....

A 3 Löse die folgenden Textaufgaben. 4

a) Ein Unternehmen produziert Tassen, welche netto 4,16 € kosten. Wie hoch ist der Preis inklusive Mehrwertsteuer (19 %)? ....

b) Familie Müller hat monatlich 2750 € zu Verfügung. Für die Miete zahlen sie 775 €. Wie viel Prozent des Monatseinkommens entspricht die Miete? ....

c) Eine Lotto-Gruppe hat letzte Woche insgesamt 7800 € gewonnen. Die Gruppe hat 6 Mitglieder. Wie viel erhält jeder?

....

d) Zu c). Wie viel Prozent erhält jeder?

....

Test 112 Abschlusstest – Teil 2 von 3

A 4 **Berechne.** 2

a) Familie Roth legt 5540 € zu einem Zinssatz von 2,34 % über 75 Tage an. Wie viele Zinsen bekommt Familie Roth? (Tipp: Rechne mit 360 Tage pro Jahr)

....

b) Familie Müller legt ebenfalls ihr Geld an. Sie möchten 6560 € anlegen und bekommen 1,75 % Zinsen. Wie viel Geld hat Familie Müller nach 67 Tagen?

....

A 5 **Ergänze die folgende Tabelle.** 3

K	p%	t	Z
....	4 %	59 Tage	8,89 €
4238 €	8 %	3,5 Monate	....
2460 €	....	100 Tage	16,06 €

A 6 **Ergänze die folgenden Tabellen. Entscheide dabei zunächst, ob die Zuordnung proportional oder antiproportional ist. Runde auf eine Nachkommastelle.** 4

a)

Arbeit	5	7	9	10
Stunde	5	....	....	2,5

b)

Birnen	7	15	35	43
Preis in €	7,7	16,5	....	....

c)

Pumpen	7	5	20	25
Zeit	10	14	....	....

d)

Lampen	5	9	15	23
Stromkosten Pro Jahr in €	30,8	55,4	....	....

A 7 **Löse die folgenden Textaufgaben!** 2

a) 7 Arbeiter an einer Baustelle benötigen 16 Stunden. Wie lange benötigen 8 Arbeiter für die gleiche Arbeit?

....

b) Eine Schulklasse geht in den Zoo. Die Klasse 7c hat insgesamt 26 Schüler und zahlen insgesamt 416 €. Die viel muss die Klasse 7b mit 32 Schülern bezahlen?

....

Test 112 Abschlusstest – Teil 3 von 3

A 8 **Berechne die folgenden Aufgaben. Runde auf 2 Nachkommastellen.** 4

a) Ein Dreieck hat eine Seitenlänge a von 7 cm. Berechne den Flächeninhalt, wenn die zugehörige Höhe 40 % länger ist als die Seite. Berechne den Flächeninhalt.

....

b) Berechne die Seitenlänge eines Quadrats mit einem Flächeninhalt von 17 cm^2.

....

c) Ein Rechteck hat eine Seite, die 6,5 cm lang ist. Die andere Seite ist 25 % länger. Berechne den Flächeninhalt.

....

d) Ein Kreis hat einen Flächeninhalt von 69,4 cm^2. Berechne den Radius.

....

A 9 **Berechne den Flächeninhalt der folgenden zusammengesetzten Figuren.** 2

a)

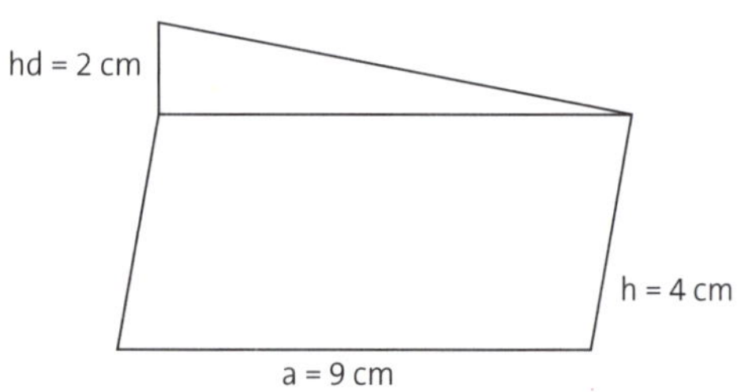

b)

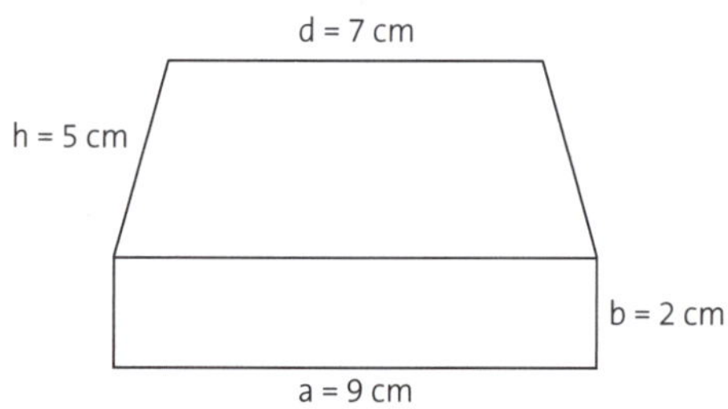

....

....

A 10 **Ein Bauer hat sich ein neues Feld für seine Schafe gekauft. Es ist 70 Meter lang und 25 Meter breit (die Form eines Rechtecks).** 2

a) Wie viele Quadratmeter ist das Feld groß?

....

b) Ein Schaf benötigt 40 m^2. Wie viele Schafe kann er auf dem Feld halten?

....

bearbeitet am | zu erreichende Punktzahl: 35 | erreichte Punktzahl des Schülers

➡ Ab 28 erreichten Punkten hast du den Abschlusstest bestanden.

Test 1 – Grundlagen – Anteile / Prozente

A1 **6 Punkte**

a) $\frac{3}{5} = \frac{60}{100} = 60\,\%$

b) $\frac{4}{10} = \frac{40}{100} = 40\,\%$

c) $\frac{8}{20} = \frac{40}{100} = 40\,\%$

d) $\frac{47}{50} = \frac{94}{100} = 94\,\%$

e) $\frac{2}{2} = \frac{100}{100} = 100\,\%$

f) $\frac{15}{50} = \frac{30}{100} = 30\,\%$

A2 **5 Punkte**

a) $\frac{5}{10} = 50\,\%$

b) $\frac{2}{10} = 20\,\%$

c) $\frac{9}{10} = 90\,\%$

d) $\frac{3}{10} = 30\,\%$

e) $\frac{10}{10} = 100\,\%$

Test 2 – Grundlagen – Anteile / Prozente

A1 **20 Punkte**

Dezimalbruch	0,5	0,3	0,15	0,2	0,65	0,8	0,89	0,76	0,72	0,4
Bruch	$\frac{50}{100}$	$\frac{30}{100}$	$\frac{15}{100}$	$\frac{20}{100}$	$\frac{65}{100}$	$\frac{80}{100}$	$\frac{89}{100}$	$\frac{76}{100}$	$\frac{72}{100}$	$\frac{40}{100}$
Prozentsatz	50 %	30 %	15 %	20 %	65 %	80 %	89 %	76 %	72 %	40 %

A2 **8 Punkte**

a) 35 %

b) 145 %

c) 99 %

d) 54 %

e) 32 %

f) 170 %

g) 1 %

h) 138 %

A3 **8 Punkte**

a) $\frac{68}{100} = \frac{17}{25}$

b) $\frac{305}{1000} = \frac{61}{200}$

c) $\frac{51}{100} = \frac{51}{100}$

d) $\frac{158}{1000} = \frac{79}{500}$

e) $\frac{2}{100} = \frac{1}{50}$

f) $\frac{85}{1000} = \frac{17}{200}$

g) $\frac{102}{100} = \frac{51}{50}$

h) $\frac{120}{100} = \frac{6}{5}$

Test 3 – Grundlagen – Anteile / Prozente

A1 **20 Punkte**

Dezimalbruch	0,888	0,763	0,125	0,903	0,448	1,265	0,271	1,58	0,829	0,992
Bruch	$\frac{888}{1000}$	$\frac{763}{1000}$	$\frac{125}{1000}$	$\frac{903}{1000}$	$\frac{448}{1000}$	$\frac{1265}{1000}$	$\frac{271}{1000}$	$\frac{1580}{1000}$	$\frac{829}{1000}$	$\frac{992}{1000}$
Prozentsatz	88,8 %	76,3 %	12,5 %	90,3 %	44,8 %	126,5 %	27,1 %	158 %	82,9 %	99,2 %

A2 **6 Punkte**

a) $\frac{1285}{1000} = \frac{257}{200}$

b) $\frac{657}{1000} = \frac{657}{1000}$

c) $\frac{138}{100} = \frac{69}{50}$

d) $\frac{7512}{10\,000} = \frac{939}{1250}$

e) $\frac{536}{1000} = \frac{67}{125}$

f) $\frac{2014}{1000} = \frac{1007}{500}$

A3 **2 Punkte**

a) 20 %

b) 20 %

Test 4 – Grundlagen – Anteile / Prozente

A1 **8 Punkte**

a) 40 %

b) 50 %

c) 20 %

d) 36 %

e) 200 %

f) 150 %

g) 75 %

h) 5 %

A2 **8 Punkte**

a) $\frac{1}{2}$

b) $\frac{17}{50}$

c) $\frac{1}{4}$

d) $\frac{1}{5}$

e) $\frac{1}{10}$

f) $\frac{3}{4}$

g) $\frac{4}{5}$

h) $\frac{1}{20}$

A3 **8 Punkte**

a) 40 %

b) 250 %

c) 55 %

d) 25 %

e) 10,2 %

f) 3 %

g) 1,3 %

h) 100,1 %

Lösungen

Test 5 – Grundlagen – Anteile / Prozente

A1 8 Punkte

a) 96 %
b) 65 %
c) 33,3 %
d) 4,5 %
e) 30,8 %
f) 8 %
g) 12,5 %
h) 1250 %

A2 8 Punkte

a) $\frac{452}{1000}$
b) $\frac{1335}{1000}$
c) $\frac{10\,000}{1000}$
d) $\frac{2100{,}1}{1000}$
e) $\frac{420}{1000}$
f) $\frac{1}{1000}$
g) $\frac{25}{1000}$
h) $\frac{602}{1000}$

A3 10 Punkte

	Dezimal	Prozent	Bruch
a)	0,125	12,5 %	$\frac{1}{8}$
b)	2,12	212 %	$2\frac{3}{25}$
c)	0,217	21,74 %	$\frac{5}{23}$
d)	0,235	23,53 %	$\frac{4}{17}$
e)	0,0025	0,25 %	$\frac{25}{10\,000}$

Test 6 – Grundlagen – Anteile / Prozente

A1 8 Punkte

a) 12,5 %
b) 57,86 %
c) 30 %
d) 80 %
e) 40 %
f) 6,43 %
g) 16,83 %
h) 162,16 %

A2 8 Punkte

a) $\frac{79}{125}$
b) $\frac{617}{2500}$
c) $\frac{1201}{10\,000}$
d) $\frac{7}{2500}$
e) $\frac{33}{25}$
f) $\frac{1479}{2000}$
g) $\frac{27}{200}$
h) $\frac{6}{125}$

A3 5 Punkte

a) Zahl 3
b) Zahl 1
c) Zahl 1
d) Zahl 2
e) Zahl 1

Test 7 – Prozentsätze

A1 **20 Punkte**

Drei, Grundwert, Prozentwert, Grundwert, Prozent, gleichen, Grundwert, Prozentsatz, Prozent, Grundwert, Prozentwert, Prozentwerts, Grundwert, Prozent, Prozentsatz, zwei, Dreisatz, Grundwert, Formel, p% = (P · 100) : G

A2 **20 Punkte**

a) P: 40 g, G: 100 g, Prozentsatz: 40 %

Schritt	Grundwert	Prozent	Rechnung
1	100 g	100 %	: 100
2	1 g	1 %	· 40
3	40 g	40 %	

b) P: 5 €, G: 20 €, Prozentsatz: 25 %

Schritt	Grundwert	Prozent	Rechnung
1	20 €	100 %	: 20
2	1 €	5 %	· 5
3	5 €	25 %	

c) P: 85 mg, G: 100 mg, Prozentsatz: 85 %

Schritt	Grundwert/ Prozentwert	Prozent	Rechnung
1	100	100 %	: 100
2	1	1 %	· 85
3	85	85 %	

d) G: 170 cm, P: 160 cm, Prozentsatz: 94,4 %

Schritt	Grundwert/ Prozentwert	Prozent	Rechnung
1	170	100 %	: 170
2	1	0,59 %	· 160
3	160	94,11 %	

e) G: 80 l, P: 25 l, Prozentsatz: 31,25 %

Schritt	Grundwert/ Prozentwert	Prozent	Rechnung
1	80	100 %	: 80
2	1	1,25 %	· 25
3	25	31,25 %	

Test 8 – Prozentsätze

A1 **50 Punkte**

a) P: 30dl, G: 50dl, Prozentsatz: 60 %

Schritt	Grundwert/ Prozentwert	Prozent	Rechnung
1	50	100 %	: 50
2	1	2 %	· 30
3	30	60 %	

b) G: 800 cm, P: 110c, Prozentsatz: 13,75 %

Schritt	Grundwert/ Prozentwert	Prozent	Rechnung
1	800	100 %	: 800
2	1	0,125 %	· 110
3	110	13,75 %	

Test 9 – Prozentsätze

A1 **6 Punkte**

a) 109 %

b) 2500 %

c) 51 %

d) 101 %

e) 2 %

f) 1282 %

A2 **3 Punkte**

a) 380 €

b) 400 €

c) 5,26 %

A3 **3 Punkte**

a) 120 %

b) 90 %

c) 60 %

Test 10 – Prozentsätze

A1 **8 Punkte**

a) 100 %

b) 50 %

c) 33,3 %

d) 25 %

e) 20 %

f) 16,67 %

g) 12,5 %

h) 10 %

A2 **4 Punkte**

a) 15 %

b) 5 %

c) 20 %

d) 0,1 %

A3 **3 Punkte**

a) 12 %

b) 50 %

c) 4 %

Test 11 – Prozentsätze

A1 **8 Punkte**

a) $\frac{1}{9} = 11{,}1\,\%$

b) $\frac{1}{12} = 8{,}3\,\%$

c) $\frac{1}{15} = 6{,}7\,\%$

d) $\frac{1}{20} = 5\,\%$

e) $\frac{1}{25} = 4\,\%$

f) $\frac{1}{33} = 3{,}03\,\%$

g) $\frac{1}{50} = 2\,\%$

h) $\frac{1}{100} = 1\,\%$

A2 **4 Punkte**

a) 0,002 = 0,2 %

b) 1,5 = 150 %

c) 0,765 = 76,5 %

d) 0,0002 = 0,02 %

A3 **3 Punkte**

a) 21,43 %

b) 11 %

c) 6,74 %

Test 12 – Prozentsätze

A1 **14 Punkte**

	Bruchzahl	Dezimalzahl	Prozentzahl
a)	$\frac{3}{4}$	0,75	75 %
b)	$\frac{2}{5}$	0,4	40 %
c)	$\frac{6}{7}$	0,86	86 %
d)	$\frac{7}{9}$	0,78	78 %
e)	$\frac{2}{1}$	2	200 %
f)	$\frac{1}{3}$	0,333	33,3 %
g)	$\frac{120}{100}$	1,2	120 %
h)	$\frac{3}{8}$	0,375	37,5 %
i)	$\frac{5}{4}$	1,25	125 %
j)	$\frac{2}{3}$	0,667	66,7 %
k)	$\frac{1}{15}$	0,0667	6,67
l)	$\frac{4}{7}$	0,57	57 %
m)	$\frac{4}{2}$	2	200
n)	$\frac{8}{15}$	0,533	53,3

A2 **1 Punkt**

a) 42,86 %

Test 13 – Prozentwerte

A1 **6 Punkte**

a) 40

b) 150

c) 25

d) 4

e) 160

f) 720

A2 **9 Punkte**

a) Max: 40
Gertrud: 40
Manfred: 10
Gabi: 20
Gabriel: 30

b) 60 Mitglieder

c) Max und Gertrud, Max: 90, Gertrud: 80

Test 14 – Prozentwerte

A1 **9 Punkte**

a) richtig

b) falsch: 16 €

c) richtig

d) richtig

e) falsch: 80 €

f) falsch: 8,50 €

A2 **9 Punkte**

a) 52 €, 20 % = 13 €

b) 144, 20 % = 36 €

c) 284 €, 20 % = 71 €

d) 97,60 €, 20 % = 24,4 €

e) 76 €, 20 % = 19 €

f) 232 €, 20 % = 58 €

Test 15 – Prozentwerte

A1 **6 Punkte**

a) 6,12 km

b) 46,32 €

c) 13,81 cm

d) 109,92 kg

e) 179,2 Liter

f) 20,45 g

A2 **4 Punkte**

Arthur: 6,22 €
Alex: 40,13 €
Laura: 24,89 €
Jana: 43,18 €

Test 16 – Prozentwerte

A1 **9 Punkte**

a)

15	5
1	0,33
100	33 %

b)

25	12
1	0,48
100	48 %

c)

30	5
1	0,17
100	17 %

d)

75	23
1	0,31
100	31 %

e)

60	42
1	0,7
100	70 %

f)

85	71
1	0,84
100	84 %

g)

99	98
1	0,99
100	99 %

h)

46	1
1	0,02
100	2 %

i)

12	7
1	0,58
100	58 %

Test 17 – Prozentwerte

A1 **10 Punkte**

a) 28
b) 1
c) 75
d) 0,87
e) 33,15
f) 36,63
g) 99,2
h) 45,03
i) 85,25
j) 14,96

Test 18 – Prozentwerte

A1 **6 Punkte**

a) 18,62
b) 40,7
c) 38,59
d) 2,03
e) 2,3
f) 25,81

A 2 **2 Punkte**

a)

15	5
1	0,33
100	33,33

b)

25	12
1	0,48
100	48

c)

30	5
1	0,17
100	16,67

A 3 **6 Punkte**

Spielername	Tim	Axel	Hans	Herbert	Lukas	Kilian
Prozentsatz	15 %	25 %	10 %	5 %	35 %	10 %
Anzahl	3	5	2	1	7	2

Test 19 – Grundwerte

A 1 **6 Punkte**

a) 200 €
b) 100 kg
c) 100 m
d) 20 Liter
e) 100 mm
f) 60 g

A 2 **12 Punkte**

a) 2000 €, 2200 €
b) 500 €, 550 €
c) 1500 €, 1650 €
d) 100 €, 110 €
e) 1000 €, 1100 €

Test 20 – Grundwerte

A 1 **6 Punkte**

a) 700 Liter
b) 20 kg
c) 400 cm
d) 200 mm
e) 300 g
f) 40 €

A 2 **20 Punkte**

Artikel	Ursprünglicher Preis	Neuer Preis
Hose	175 €	168 €
Bluse	116,67 €	102,67 €
Hemd	114,29 €	106,29 €
Schal	36,36 €	32,36 €
Socken	25 €	23 €
Pullover	81,25 €	68,25 €

b) 48 €

Test 21 – Grundwerte

A 1 **12 Punkte**

a) 755 m 6 cm
b) 14 kg 130 g
c) 852 dm 62 mm
d) 18 € 11 Cent
e) 5 t 104 kg
f) 53 km 314 m

A 2 **5 Punkte**

a) 200
b) 31
c) Zweibettzimmer: 50
d) Dreibettzimmer: 50
e) Vierbettzimmer: 400

Test 22 – Grundwerte

A1 **5 Punkte**

a) G = 1000 €

b) G = 50 kg

c) G = 1000 g

d) G = 50 g

e) G = 2000 €

A2 **5 Punkte**

a) 4

b) 5

c) 1

d) 2

e) 3

A3 **3 Punkte**

a) 50 €

b) 1500 g

c) 40 €

Test 23 – Grundwerte

A1 **5 Punkte**

a) G = 12 500 €

b) G = 200 m

c) G = 2000 g

d) G = 5000 g

e) G = 123 €

A2 **5 Punkte**

a) richtig

b) falsch

c) richtig

d) falsch

e) falsch

A3 **2 Punkte**

a) 3200 Gramm

b) 4000 Gramm

Test 24 – Grundwerte

A1 **5 Punkte**

a) 550 Gramm

b) 0,60 €

c) 3,27 €

d) 0,59

e) Angebot 2

A2 **4 Punkte**

a) G = 15 000

b) G = 777

c) G = 454

d) G = 8800

A3 **2 Punkte**

a) 200 €

b) 75 €

Test 25 – Darstellung in Diagrammen

A1 **4 Punkte**

a) Lösung: 25 %

b) Lösung: 75 %

c) Lösung: 62,5 %

d) Lösung: 75 %

A2 **2 Punkte**

a) 10 %

x				

b) 25 %

x			
x			
x			

Test 26 – Darstellung in Diagrammen

A1 2 Punkte

a) Lösung: 50 %

b) Lösung: 44,44 %

A2 4 Punkte

Fußball: 38,1 %
Tanzen: 28,57 %
Volleyball: 9,52 %
Joggen: 23,81 %

Test 27 – Darstellung in Diagrammen

A1 2 Punkte

a) Lösung: 50 %

b) Lösung: 20 %

A2 2 Punkte

a) 30 %

x	x	x	x	x	x
x	x	x			

b) 25 %

x	x	x	x	x	x
x	I				

A3 5 Punkte

Apfel: 21,28 %
Birne: 10,64 %
Banane: 23,40 %
Kirschen: 17,02 %
Erdbeeren: 27,66 %

Test 28 – Darstellung in Diagrammen

A1 4 Punkte

a) 50 %

b) 50 %

c) 20 %

d) 75 %

A2 8 Punkte

a) England

b) 19

c) USA

d) 24

e) China

f) 2012

g) Olympischen Spielen 2012 in London

h) 29

Test 29 – Darstellung in Diagrammen

A1 4 Punkte

a) 73 %

b) 50 %

c) 60 %

d) 43 %

A2 5 Punkte

a) 50 %

b) 40 %

c) 44,44 %

d) 39 %

e) 44,44 %

A3 3 Punkte

a) 38 Studenten

b) 21 % der befragten Studenten

c) 18 % der befragten Studenten

Test 30 – Darstellung in Diagrammen

A1 **6 Punkte**

a) Produkt 1

b) 82 Artikeln

c) Produkt 1

d) Produkt 3

e) Produkt 2

f) 20,7 %

A2 **6 Punkte**

a) 25 %

b) 33 %

c) 47 %

d) 24 %

e) 50 %

f) 40 %

Test 31 – Textaufgaben zur Prozentrechnung

A1 **2 Punkte**

a) 28 km

b) 21,43 %

A2 **3 Punkte**

a) 1000

b) 600

c) 280

A3 **4 Punkte**

a) 102 kg

b) 86,7 kg

c) 2,7 kg

d) 30 Prozent

Test 32 – Textaufgaben zur Prozentrechnung

A1 **12 Punkte**

a)

	Verwandelte Würfe	Wurf-versuche	Treffer-quote
Spieler 1	6	8	75 %
Spieler 2	1	3	33 %
Spieler 3	3	6	50 %
Spieler 4	0	1	0 %
Spieler 5	2	5	40 %
Spieler 6	6	10	60 %
Spieler 7	1	2	50 %
Spieler 8	3	4	75 %
Spieler 9	2	3	66 %
Spieler 10	0	7	0 %

b) Spieler 1 und Spieler 8

c) 44,9 %

A2 **4 Punkte**

a) 78 Prozent

b) Ja: 55 Prozent Nein: 23 Prozent

c) Ja: 70,51 Prozent Nein: 29,49 Prozent

A3 **2 Punkte**

a) 83,7 kg

b) 90 kg

Test 33 – Textaufgaben zur Prozentrechnung

A1 **8 Punkte**

a) Vorschlag 1: 2120 Euro; Vorschlag 2: 2075 Euro; Vorschlag 3: 2085 Euro; Der Mitarbeiter sollte Vorschlag 1 wählen

b) Vorschlag 1: 3120 Euro; Vorschlag 2: 3112,5 Euro; Vorschlag 3: 3112,5 Euro; Ja, er sollten den gleichen Vorschlag wie Mitarbeiter 1 wählen

A2 **2 Punkte**

a) 1,27 Euro

b) 1,60 Euro

A3 **3 Punkte**

a) 114 Mitarbeiter

b) 73,68 %

c) 91,2 Mitarbeiter

Test 34 – Textaufgaben zur Prozentrechnung

A1 **4 Punkte**

a) 126 €

b) 168 €

c) 50 %

d) 210 €

A2 **4 Punkte**

a) 5 %

b) 12 €

c) 6 €

d) 24 €

A3 **3 Punkte**

a) 17 €

b) 34 €

c) 25,50 €

Test 35 – Textaufgaben zur Prozentrechnung

A1 **3 Punkte**

a) 54 €

b) 9 €

c) 30 %

A2 **3 Punkte**

a) 50 €

b) 12,5 %

c) 2000 €

A3 **4 Punkte**

a) 90 €

b) Jana

c) 1212 €

d) ja, 1410 €

Test 36 – Textaufgaben zur Prozentrechnung

A1 **3 Punkte**

a) 12 Cent

b) 4800 Liter

c) 432

A2 **4 Punkte**

a) 65 %

b) 35,90 €

c) 60,3 %

d) 392 km

A3 **3 Punkte**

a) 36,1 %

b) 49,50 €

c) 72,60 €

Test 37 – Grundlagen und Grundbegriffe

A1 **6 Punkte**

a) Zinsen

b) Zinsen

c) Anfangskapital

d) Zinssatz

e) Zeit

f) Zinseszins

A2 **3 Punkte**

a) Kapital: 150 €
Zinsen: 3 €
Zinssatz: 2 %

b) Kapital: 10 000 €
Zinsen: 300 €
Zinssatz: 3 %

c) Kapital: 240 €
Zinsen: 6 €
Zinssatz: 2,5 %

A3 **4 Punkte**

a) 6,125 €

b) 40 €

c) 8,33 €

d) 5 €

Test 38 – Grundlagen und Grundbegriffe

A1 **3 Punkte**

a) Kapital
Definition 1

b) Zinsen
Definition 3

c) Zinssatz
Definition 2

A2 **2 Punkte**

a) Kapital: 350 €
Zinssatz: 3,5 %
Zinsen: 12,25 €

b) Kapital: 360 €
Zinssatz: 4 %
Zinsen: 14,40 €

A3 **4 Punkte**

a) 19,50 €

b) 18,00 €

c) 21,65 €

d) 20,57 €

Test 39 – Grundlagen und Grundbegriffe

A1 **2 Punkte**

a) $Z = K \cdot \frac{p}{100} \cdot t$

b) Z = Zinsen, K = Kapital, p = Zinssatz, t = Zeit

A2 **2 Punkte**

a) Kapital: 590 €
Zinsen: 26,55 €
Zinssatz: 4,5 %

b) Kapital: 605 €
Zinsen: 30,25 €
Zinssatz: 5 %

A3 **4 Punkte**

a) 54,01 €

b) 27,72 €

c) 1010,41 €

d) 102,75 €

Test 40 – Grundlagen und Grundbegriffe

A1 **3 Punkte**

Fülle die Lücken mit den richtigen Begriffen.
Du hast zum Geburtstag Geld von deinen Großeltern geschenkt bekommen, mit diesem Geld möchtest du bei der Bank ein Sparbuch eröffnen. Das Geld was du besitzt und auf das Konto einzahlst nennt sich Startkapital. Auf das von dir eingezahlte Geld bekommst du von der Bank zu einem bestimmten Zinssatz jährlich etwas gutgeschrieben, das gutgeschriebene Geld nennt sich Zinsen.

A2 **3 Punkte**

Hannah hat zu ihrer Konfirmation 500 € geschenkt bekommen, sie legt das Geld auf ihrem Sparkonto an. Die Bank zahlt ihr 4 % Zinsen pro Jahr. Sie hat also nach dem ersten Jahr 520 € auf dem Konto.

a) 500 €

b) 4 %

c) 20 €

A3 **1 Punkt**

Lukas hat von der Bank am Ende des Jahres 10 € gutgeschrieben bekommen. Wie war sein Startkapital, wenn er sein Geld zu einem Zinssatz von 5 % angelegt hat?

200 €

Test 41 – Grundlagen und Grundbegriffe

A1 **5 Punkte**

a) 1102,50 €

b) 102,50 €

c) Zinseszinsen

d) 5 %

e) 1000 €

A2 **5 Punkte**

a) ja

b) 0,39 €

c) 9,99 €

d) 3 Jahre

e) 89,99 €

Test 42 – Grundlagen und Grundbegriffe

A1 **3 Punkte**

a) 12,25 €

b) 362,25 €

c) ja

A2 **3 Punkte**

a) 5 %

b) 262,50 €

c) 0,63 €

A3 **4 Punkte**

a) 2 €

b) 4 €

c) 6 €

d) 106 €

Test 43 – Jahreszinsen, Monats- und Tageszinsen

A1 **4 Punkte**

a) 15 €

b) 20 €

c) 32 €

d) 12,5 €

A2 **4 Punkte**

a) 1,50 €

b) 3,75 €

c) 1,17 €

d) 0,33 €

A3 **4 Punkte**

a) 0,04 €

b) 0,13 €

c) 0,13 €

d) 0,04 €

Test 44 – Jahreszinsen, Monats- und Tageszinsen

A1 **4 Punkte**

a) 900 €

b) 68 €

c) 372 €

d) 318,50 €

A2 **4 Punkte**

a) 10,60 €

b) 135,67 €

c) 10,63 €

d) 62,30 €

A3 **4 Punkte**

a) 599,28 €

b) 39,00 €

c) 16,00 €

d) 5,15 €

Test 45 – Jahreszinsen, Monats- und Tageszinsen

A1 **4 Punkte**

a) 4357,58 €

b) 2,03 %

c) 1716,67 €

d) 3 (Jahre)

A2 **4 Punkte**

a) 1321,78 €

b) 4,52 %

c) 26 218,18 €

d) 3 (Jahre)

A3 **4 Punkte**

a) 205,76 €

b) 2,59 €

c) 25 159,38 €

d) 355,39 €

Test 46 – Jahreszinsen, Monats- und Tageszinsen

A1 **5 Punkte**

a) 30 €

b) 72 €

c) 11 €

d) 309,60 €

e) 115,35 €

A2 **5 Punkte**

a) 0,67 €

b) 9,04 €

c) 4,14 €

d) 2,75 €

e) 171,52 €

A3 **5 Punkte**

a) 67,36 €

b) 73,09 €

c) 108,23 €

d) 38,91 €

e) 50 €

Test 47 – Jahreszinsen, Monats- und Tageszinsen

A1 **5 Punkte**

a) Z = 34,72 €

b) p = 1,9 %

c) K = 8300 €

d) Z = 598 €

e) p = 2,1 %

A2 **5 Punkte**

a) 1054,56 €

b) 4568,63 €

c) 8712,23 €

d) 1511,25 €

e) 942,50 €

A3 **2 Punkte**

a) 3 %

b) Bank 3: 150

Test 48 – Jahreszinsen, Monats- und Tageszinsen

A1 **2 Punkte**

a) 306 €

b) 132,46 €

A2 **3 Punkte**

a) 108,50 €

b) 9 Monate

c) Paar 1

A3 **5 Punkte**

a) p = 5,7 %

b) K = 56 799,92 €

c) Z = 13,49 €

d) p = 0,9 %

e) Z = 33,53 €

Test 49 – Kapitalwerte

A1 **8 Punkte**

a) K = 5000 €

b) K = 2500 €

c) K = 1250 €

d) K = 500 €

e) K = 300 €

f) K = 420 €

g) K = 40 €

h) K = 200 €

A2 **4 Punkte**

a) 1000 €

b) 250 €

c) 2060 €

d) 1000 €

Test 50 – Kapitalwerte

A1 **8 Punkte**

a) K = 1454,55 €

b) K = 78,57 €

c) K = 425,93 €

d) K= 666,67 €

e) K = 2666,67 €

f) K = 66,67 €

g) K = 600 €

h) K = 2222,22 €

A2 **4 Punkte**

a) 4701,05 €

b) 377,78 €

c) 750 €

d) Konnte sie vorher schon.
K = 416,66, Kapital nach 3 Jahren = 466,66.
Preis des Fahrrads auf 450 anheben!

Test 51 – Kapitalwerte

A1 **8 Punkte**

a) K = 16 429,45 €

b) K = 2096,84 €

c) K = 1526,01 €

d) K = 2012,88 €

e) K = 3001,03 €

f) K = 23878,94 €

g) K = 2831,55 €

h) K = 4611,25 €

A2 **4 Punkte**

a) 30 000 €

b) 20 348,43 €

c) 15 857,14 €

d) 5314,29 €

Test 52 – Kapitalwerte

A1 **6 Punkte**

- „K_{end}" das Endkapital nach der Verzinsung
- „K" das Anfangskapital vor der Verzinsung
- „p" die Zinszahl
- „n" die Anzahl der Jahre

  $K = \frac{K_{end}}{\left(1 + \frac{p}{100}\right)^n}$: das Anfangskapital
- „Z" die Zinsen nach n Jahren

  $Z = K\left[\left(1 + \frac{p}{100}\right)^n - 1\right]$

A2 **5 Punkte**

a) K = 3750 €

b) K = 633,04 €

c) K = 6725,60 €

d) K = 4000 €

e) K = 20 000 €

Test 53 – Kapitalwerte

A1 **3 Punkte**

a) $Z = \frac{K \cdot p \cdot n}{100 \cdot 12}$

b) $K = \frac{Z \cdot 100 \cdot 360}{p \cdot n}$

c) $K_{end} = K \cdot \left(1 + \frac{p}{100}\right)^n$

A2 **5 Punkte**

a) K = 3333,33 €

b) K = 4271,66 €

c) K = 11 250 €

d) K = 80 000 €

e) K = 31 542,85 €

A3 **5 Punkte**

a) K_{end} = 6015 €

b) K_{end} = 20 616,42 €

c) K_{end} = 10 781,90 €

d) K_{end} = 47 647,27 €

e) K_{end} = 85,90 €

Test 54 – Kapitalwerte

A1 **2 Punkte**

a) 444,4 €

b) Ja, das Geld wird reichen. Er hat dann 468,72 €

A2 **3 Punkte**

a) K = 26 754,6 €

b) K = 21 927,82 €

c) K = 91 645,28 €

A3 **3 Punkte**

a) Z = 0,91 €

b) Z = 6,1 €

c) Z = 160,27 €

Test 55 – Zinssätze

A1 **8 Punkte**

a) $p = 2\,\%$

b) $p = 1{,}25\,\%$

c) $p = 1\,\%$

d) $p = 0{,}04\,\%$

e) $p = 2\,\%$

f) $p = 4\,\%$

g) $p = 0{,}125\,\%$

h) $p = 0{,}2\,\%$

A2 **4 Punkte**

a) $p = 1\,\%$

b) Bank B

c) $p = 1\,\%$

d) $p = 2\,\%$

Test 56 – Zinssätze

A1 **8 Punkte**

a) $p = 0{,}12\,\%$

b) $p = 20{,}61\,\%$

c) $p = 0{,}02\,\%$

d) $p = 0{,}13\,\%$

e) $p = 2{,}55\,\%$

f) $p = 0{,}29\,\%$

g) $p = 1{,}69\,\%$

h) $p = 4{,}16\,\%$

A2 **4 Punkte**

a) 5,08 %

b) 2,49 %

c) 2,44 %

d) 1,87 %

Test 57 – Zinssätze

A1 **8 Punkte**

a) $p = 0{,}16\,\%$

b) $p = 1{,}73\,\%$

c) $p = 1{,}03\,\%$

d) $p = 0{,}78\,\%$

e) $p = 0{,}43\,\%$

f) $p = 1{,}61\,\%$

g) $p = 5{,}4\,\%$

h) $p = 7{,}28\,\%$

A2 **4 Punkte**

a) Bank B (Bank A: $p = 10{,}57\,\%$; Bank B: $p = 7{,}5\,\%$; Bank C: $p = 8{,}03\,\%$)

b) Ja ($p = 3.52\,\%$ damit 80,02 herauskommt.)

c) $p = 1{,}3\,\%$

d) $p = 2{,}39\,\%$

Test 58 – Zinssätze

A1 **5 Punkte**

a) Jahreszins $Z = \frac{K \cdot p}{100}$

b) Monatszins $Z = \frac{K \cdot p \cdot n}{100 \cdot 12}$

c) Tageszins $Z = \frac{K \cdot p \cdot n}{360 \cdot 100}$

d) Endkapital nach einer Zinsperiode $K_{end} = \frac{K \cdot (p + 1)}{100}$

e) Endkapital mit Zinseszinsen $K_{end} = K \cdot \left(1 + \frac{p}{100}\right)^n$

A2 **7 Punkte**

a) $P = 3{,}4\,\%$

b) $P = 2{,}12\,\%$

c) $P = 4{,}17\,\%$

d) $P = 5\,\%$

e) $P = 2{,}4\,\%$

f) $P = 7{,}09\,\%$

g) $P = 5{,}03\,\%$

Test 59 – Zinssätze

A1 **3 Punkte**

Kapital	4000	4490	2000
Zinssatz	7 %	4,41 %	3.28 %
Jahreszinsen	280	198,28	65,70

A2 **12 Punkte**

K = 500 €; Z = 25 €	c	Zinssatz : 3 %
K = 2000 €; Z = 60 €	a	Zinssatz: 2 %
K = 2000 €; Z = 40 €	b	Zinssatz: 5 %
K = 8500 €; Z = 170 €	b	
K = 400 €; Z = 8 €	b	
K = 300 €; Z = 15 €	c	
K = 2400 €; Z = 120 €	c	
K = 600 €; Z = 18 €	a	
K = 200 €; Z = 4 €	b	
K = 300 €; Z = 9 €	a	
K = 4000 €; Z = 80 €	b	
K = 1100 €; Z = 55 €	c	

Test 60 – Zinssätze

A1 **2 Punkte**

a) P=3,4 %

b) P=3,1 %

A2 **9 Punkte**

a) K = 500 € Z = 2 € t = 20 Tage p = 7,2 %

b) K = 1300 € Z = 15 € t = 80 Tage p = 5,1 %

c) K = 120 € Z = 3,4 € t = 120 Tage p = 8,5 %

d) K = 30 € Z = 1,2 € t = 300 Tage p = 4,8 %

e) K = 850 € Z = 30 € t = 15 Monate p = 2,82 %

f) K = 15 000 € Z = 180 € t = 9 Monate p = 1,6 %

g) K = 35 900 € Z = 2000 € t = 30 Monate p = 2,23 %

h) K = 100 000 € Z = 3000 € t = 5 Monate p = 7,2 %

i) K = 4000 € Z = 950 € t = 3 Jahre p = 7,36 %

Test 61 – Textaufgaben zur Zinsrechnung

A1 **4 Punkte**

a) P = 2,39 %

b) 148,44 €

c) 4055,32 €

d) Ja p = 3,52 %

A2 **3 Punkte**

a) 692,71 €

b) Der Zinssatz betrug 11,5 %.

c) Das Kapital war 2 Monate und 12 Tage angelegt

Test 62 – Textaufgaben zur Zinsrechnung

A1 **1 Punkte**

7,44 %

A2 **2 Punkte**

a) 2.025 €

b) 33.73 €

A3 **3 Punkte**

a) 450 €

b) 300 €

c) Ja K_{end} = 16 000 + 2318,14 = 18 318,4 €

Test 63 – Textaufgaben zur Zinsrechnung

A1 **2 Punkte**

a) 6,26 %

b) 75 €

A2 **2 Punkte**

a) ca. 10 Jahre und 4 Monate

b) ca. 83 290 €

A3 **2 Punkte**

a) 1738,8 €

b) Nein, nach den 2 Jahren noch 16 weitere Monate

Test 64 – Textaufgaben zur Zinsrechnung

A1 **2 Punkte**

a) 565,3 €

b) 328 Tage

A2 **2 Punkte**

a) 39 €

b) Ja, 42 €

A3 **3 Punkte**

a) 32 850 €

b) 33 350 €

c) Angebot 1 ist günstiger

Test 65 – Textaufgaben zur Zinsrechnung

A1 **4 Punkte**

a) 1890 €

b) 1980 €

c) 1846 €

d) Bei Anbieter 3

A2 **2 Punkte**

a) 63 282,4 €

b) 26 009,46 €

A3 **8 Punkte**

a) Jahreszins: 73,50 €; Zinsen: 42,88 €

b) Zinssatz: 3,5 %; Laufzeit: 8 Monate

c) Kapital: 36 500 €; Laufzeit: 16 Monate

d) Zinssatz: 7,2 %; Jahreszinsen: 70,20 €

Test 66 – Textaufgaben zur Zinsrechnung

A1 **3 Punkte**

a) 600 €

b) 154,12 €

c) Um 3,012 %

A2 **1 Punkte**

965 Euro

A3 **3 Punkte**

a) Bank 1: 1,054 % Jahreszins

Bank 2: 1,054 729 % Jahreszins

b) 8.432 €

c) 8.437,83 €

Test 67 – Grundlagen

A1 **6 Punkte**

Paare, zwei, proportionalen, mehr, mehr, verdoppelt, antiproportionalen, mehr, weniger, halbiert, Dreisatz

A2 **3 Punkte**

a) mehrdeutig

b) eindeutig

c) eindeutig

A3 **6 Punkte**

Ausgangswert	4	1	5	9	3	11
Zugeordneter Wert	23	11	29	45	20	53

Test 68 – Grundlagen

A1 **4 Punkte**

a) eindeutig

b) mehrdeutig

A2 **6 Punkte**

a) 30, 8, 66

b) 96, 3, 80

A3 **4 Punkte**

a) 9,60 €

b) 55 €

Test 69 – Grundlagen

A1 **3 Punkte**

a) 2,5

b) 1,6

c) 4,4

A2 **6 Punkte**

a) 67,2; 26; 11,2; 6

b) 24; 288; 4; 17

c) 42,6; 11; 106,5; 13

A3 **6 Punkte**

a) 43 582 €

b) 320 Eiskugeln

c) 106,6 Liter

Test 70 – Proportionale Zuordnungen

A1 **7 Punkte**

Bei Zuordnungen ordnet man eine Größe einer zweiten Größe zu, wodurch Paare zweier zugehöriger Werte entstehen. Bei proportionalen Zuordnungen heißt es: je mehr, desto mehr. Verdoppelt sich der eine Wert, dann verdoppelt sich der andere Wert. Man löst Aufgaben zu proportionalen Zuordnungen oft mit dem Dreisatz.

A2 **6 Punkte**

a)

Anzahl	Gewicht
1	3 kg
4	12 kg

b)

Anzahl	Preis
1	7 €
5	35 €

c)

Anzahl	Länge
3	5 cm
6	10 cm

d)

Anzahl	Gewicht
2	4 kg
4	8 kg

e)

Anzahl	Preis
1	3 €
3	9 €

f)

Anzahl	Länge
4	2 cm
8	4 cm

A3 **6 Punkte**

Anzahl	1	2	3	4	5	10	20
Gewicht	4 kg	8 kg	12 kg	16 kg	20 kg	40 kg	80 kg

Test 71 – Proportionale Zuordnungen

A1 **16 Punkte**

a)

x	y
9	36
1	4
20	80
44	176
4	16

b)

x	y
25	75
3	9
12	36
13	39
9	27

c)

x	y
16	80
7	35
19	95
13	65
23	115

d)

x	y
13	143
24	264
4	44
8	88
3	33

A2 **6 Punkte**

a)

x	5	9	13	2	27	19	4
y	35	63	91	14	189	133	28

Ja ....X.... oder nein ....
Zuordnungsfaktor: 7

b)

x	11	3	24	5	15	21	7
y	99	27	216	45	135	189	63

Ja ....X.... oder nein ....
Zuordnungsfaktor: 9

c)

x	18	21	3	9	12	26	5
y	216	252	36	108	144	312	60

Ja ....X.... oder nein ....
Zuordnungsfaktor: 12

Test 72 – Proportionale Zuordnungen

A1 **16 Punkte**

a)

x	y
29	232
17	136
14	112
38	304
12	96

b)

x	y
13	156
8	96
21	252
9	108
15	180

c)

x	y
15	225
6	90
21	315
18	270
35	525

d)

x	y
8	152
12	228
13	247
24	456
11	209

A2 **6 Punkte**

a)

x	12	5	8	24	18	4	17
y	76	30	48	145	106	24	102

Ja ....X.... oder nein ....
Zuordnungsfaktor: 13

b)

x	7	12	3	18	21	9	6
y	91	156	39	234	273	117	78

Ja .... oder nein ....X....
Zuordnungsfaktor: _

A3 **2 Punkte**

Rechnung:
3 kg – 1,50 € → 1 kg – 0,50 €
5 kg – 2 € → 1 kg – 0,40 €
Antwort: Sie sind in Laden B günstiger.

Test 73 – Antiproportionale Zuordnungen

A1 **6 Punkte**

Bei antiproportionalen Zuordnungen wird ein Wert einem anderen Wert zugeordnet. Man merkt sich: je mehr, desto weniger. Verdoppelt sich der eine Wert, dann halbiert sich der andere Wert. Man löst Aufgaben zu antiproportionalen Zuordnungen meistens mit dem Dreisatz.

A2 **6 Punkte**

a)

Arbeiter	Dauer
1	12 h
4	3 h

b)

Personen	Äpfel
1	15
5	3

c)

Arbeiter	Dauer
3	10 h
6	5 h

d)

Kinder	Bonbons
2	18
6	6

e)

Personen	Kekse
1	3
3	1

f)

Personen	Arbeitsdauer
4	16 h
8	8 h

A3 **3 Punkte**

a)

Arbeiter	1	2	4	5	8	10	20
Dauer	40 h	20 h	10 h	8 h	5 h	4 h	2 h

ja ...X... oder nein ....

b)

Arbeiter	1	2	4	10	20	25	50
Dauer	100 h	50 h	25 h	10 h	5 h	4 h	2 h

ja ...X... oder nein ....

c)

Arbeiter	2	4	6	10	15	20	100
Dauer	50 h	25 h	16 h	10 h	6 h	5 h	1 h

ja .... oder nein ...X...

Test 74 – Antiproportionale Zuordnungen

A1 **16 Punkte**

a)

x	y
1	60
3	20
4	15
6	10
10	6

b)

x	y
2	160
1	320
4	80
10	32
40	8

c)

x	y
5	50
2	125
10	25
50	5
25	10

d)

x	y
10	30
1	300
2	150
5	60
6	50

A2 **3 Punkte**

a)

Arbeiter	2	4	5	8	10	20	40
Dauer	40 h	20 h	16 h	10 h	80 h	4 h	2 h

Ja ...X... oder nein ....

b)

Arbeiter	5	7	10	14	20	28	50
Dauer	140 h	100 h	70 h	50 h	35 h	25 h	14 h

Ja ...X... oder nein ....

c)

Arbeiter	4	5	8	10	16	20	32
Dauer	200 h	160 h	100 h	80 h	50 h	40 h	25 h

Ja ...X... oder nein ....

Test 75 – Antiproportionale Zuordnungen

A1 **16 Punkte**

a)

x	y
5	300
6	250
12	125
15	100
150	10

b)

x	y
13	240
15	208
20	156
26	120
30	104

c)

x	y
7	610
5	854
14	305
35	122
70	61

d)

x	y
22	60
2	660
3	440
5	264
33	40

A2 **3 Punkte**

a)

Arbeiter	11	5	55	25	22	10	50
Dauer	325 h	715 h	65 h	143 h	162,5 h	357,5 h	71,5 h

Ja ...X... oder nein ....
Antiproportionalitätsfaktor: 3575

b)

Arbeiter	12	4	16	14	20	24	6
Dauer	651 h	1953 h	488,25 h	558 h	390,6 h	325,5 h	1302 h

Ja ...X... oder nein ....
Antiproportionalitätsfaktor: 7812

c)

Arbeiter	17	2	8	16	20	25	250
Dauer	320 h	2720 h	680 h	340 h	272 h	217,6 h	21,76 h

Ja ...X... oder nein ....
Antiproportionalitätsfaktor: 5440

A3 **1 Punkt**

Rechnung: 16 – 632 Liter → 1 – 10 112 Liter → 20 – 505,6 Liter
Antwort: Jeder Großhändler muss jetzt 505,6 Liter an den Supermarkt liefern.

Test 76 – Vermischte Zuordnungen

A1 **5 Punkte**

a) proportional

b) antiproportional

c) antiproportional

d) proportional

e) antiproportional

A2 **10 Punkte**

a)

x	30	25	24	20	12	10	☐ proportional
y	400	480	500	600	1000	1200	☒ antiproportional

b)

x	3	6	9	12	15	24	☒ proportional
y	115	230	345	460	575	920	☐ antiproportional

c)

x	60	3	15	45	30	5	☒ proportional
y	240	12	60	180	120	20	☐ antiproportional

d)

x	0,125	2	4	0,25	32	8	☐ proportional
y	32	2	1	16	0,125	0,5	☒ antiproportional

e)

x	1	12	3	8	6	10	☐ proportional
y	96	8	32	12	16	9,6	☒ antiproportional

Test 77 – Vermischte Zuordnungen

A1 **10 Punkte**

a)

x	3,5	10,5	5,25	21	7	14	☒ proportional
y	3	9	4,5	18	6	12	☐ antiproportional

b)

x	0,25	0,5	2	8	16	32	☐ proportional
y	16	8	2	0,5	0,25	0,125	☒ antiproportional

c)

x	6	48	15	60	24	3	☐ proportional
y	86	10,75	34,4	8,6	21,5	172	☒ antiproportional

d)

x	132	264	396	198	66	22	☐ proportional
y	600	300	200	400	1200	3600	☒ antiproportional

e)

x	12,5	75	5	25	6,25	31,25	☒ proportional
y	27,5	165	11	55	13,75	68,75	☐ antiproportional

A2 **5 Punkte**

a) 100 Stunden

b) 46 000 €

c) 168 Stunden

d) 368 Mitarbeiter

e) Das erste Angebot rentiert sich mir: Stückpreis = 0,60 € (Stückpreis Angebot 2 = 0,56 €)

Test 78 – Vermischte Zuordnungen

A1 **4 Punkte**

a) 396 Stunden

b) 172 € und 6192 €

c) 132 Stunden

d) 60,5 Stunden (60 Stunden und 30 Minuten)

A2 **3 Punkte**

a) 11,25 Stunden (11 Stunden und 15 Minuten)

b) 180 Mitarbeiter

c) 6 Stunden

A3 **3 Punkte**

a) 5 Tage

b) 10 Eier

c) 15 Hühner

Test 79 – Maßstäbe und Längenverhältnisse

A1 **6 Punkte**

a) 1 cm auf der Karte entsprechen 200 cm in der Wirklichkeit.

b) 1 cm auf der Karte entsprechen 10 cm in der Wirklichkeit.

c) 2 cm auf der Karte entsprechen 1 cm in der Wirklichkeit.

d) 150 cm auf der Karte entsprechen 1 cm in der Wirklichkeit.

e) 1 cm auf der Karte entsprechen 10 000 cm in der Wirklichkeit.

f) 10 cm auf der Karte entsprechen 1 cm in der Wirklichkeit.

A2 **6 Punkte**

a) 100 cm

b) 3000 cm

c) 15 000 cm

d) 50 cm

e) 12 000 cm

f) 10 cm

Test 80 – Maßstäbe und Längenverhältnisse

A1 **6 Punkte**

a) 20 000 cm

b) 2,5 cm

c) 1000 cm

d) 2 cm

e) 30 cm

f) 1 cm

A2 **6 Punkte**

a) 500 cm

b) 3250 cm

c) 10 cm

d) 10 cm

e) 15 cm

f) 50 cm

Test 81 – Maßstäbe und Längenverhältnisse

A1 **6 Punkte**

a) 3 cm

b) 4 cm

c) 333 cm

d) 80 cm

e) 3 cm

f) 80 cm

A2 **6 Punkte**

a) 0,67 cm

b) 12 cm

c) 1 cm

d) 750 cm

e) 48 cm

f) 3,75 cm

Test 82 – Textaufgaben

A1 **4 Punkte**

a) 7,20 €

b) 56 Liter

c) 750 Gramm

d) 22,5 Kilometer

A2 **3 Punkte**

a) anti-proportional

b) proportional

c) weder noch

A3 **3 Punkte**

a) 0,5 Stunden

b) 9 Stunden

c) 2 Stunden

Test 83 – Textaufgaben

A1 **4 Punkte**

a) 6,30 €

b) 3,45 €

c) 825 ml

d) 250 ml

A2 **3 Punkte**

a) anti-proportional

b) weder noch

c) proportional

A3 **2 Punkte**

a) 6 Pumpen

b) 7,5 Stunden

Test 84 – Textaufgaben

A1 **5 Punkte**

a) 14

b) 112

c) 174 720 €

d) 3,75 Stunden

e) 0,6 Stunden

A2 **6 Punkte**

a) 96

b) 1200 €

c) 600

d) 132 €

e) 25 Stunden

f) 3

Test 85 – Grundlagen. Darstellen, vergleichen, ordnen

A1 **4 Punkte**

a) <

b) <

c) <

d) =

A2 **3 Punkte**

a) $-9, -1, 0, \frac{2}{7}, 2$

b) $-5, -3, \frac{13}{5}, 3, 5$

c) $-300, 20, 40, 250$

A3 **6 Punkte**

a)	$\frac{1}{5}$	0,2
b)	$\frac{3}{4}$	0,75
c)	$\frac{3}{2}$	1,5
d)	$\frac{19}{10}$	1,9
e)	$-\frac{5}{2}$	– 2,5
f)	$\frac{7}{2}$	3,5

Test 86 – Grundlagen. Darstellen, vergleichen, ordnen

A1 **6 Punkte**

a) <

b) <

c) >

d) >

e) =

f) >

A2 **4 Punkte**

a) falsch

b) falsch

c) falsch

d) wahr

A3 **5 Punkte**

	N	Z	Z^+	Z^-	Q	Q^*	Q^+	Q^-
0		X	X	X	X		X	X
12	X	X	X		X	X	X	
–4,75					X	X		X
$\frac{3}{7}$					X	X	X	
$-\frac{18}{6}$		X		X	X	X		X

Test 87 – Grundlagen. Darstellen, vergleichen, ordnen

A1 **5 Punkte**

a) –3,5

b) –2,4

c) 7

d) –10,75

e) –2,92

A2 **3 Punkte**

a) 12, 4, $\frac{17}{5}$, –5, –7

b) 20, 8, $\frac{11}{5}$, –6, –30

c) 199, 99, 49, 0, –250

A3 **6 Punkte**

a)	$\frac{55}{4}$	13,75
b)	$\frac{3}{25}$	0,12
c)	$\frac{37}{10}$	3,7
d)	$\frac{25}{5}$	5
e)	$-\frac{27}{10}$	–2,7
f)	$\frac{4}{5}$	0,8

Test 88 – Addition und Subtraktion

A1 **5 Punkte**

a) $(-19) + (5) = -14$

b) $(+11) - (-7) = 18$

c) $(+3{,}5) + (+21) = 24{,}5$

d) $(+0{,}75) + (+10) - (-0{,}25) = 11$

e) $(+32{,}7) - (-21{,}4) = 54{,}1$

A2 **5 Punkte**

a) $(-\frac{11}{5}) + (+\frac{9}{5}) = -\frac{2}{5}$

b) $(+\frac{7}{2}) + (-\frac{4}{3}) = \frac{13}{6}$

c) $(-\frac{20}{3}) - 10 = -\frac{50}{3}$

d) $(+9{,}7) - (-12{,}3) = 22$

e) $(+17) - (+15{,}25) = 1{,}75$

A3 **5 Punkte**

a) $97 - 13{,}5 = 83{,}5$

b) $(-20) + 30 = 10$

c) $16 - 10{,}3 = 5{,}7$

d) $54 - 44{,}2 = 9{,}8$

e) $(-15{,}25) + 8{,}25 = -7$

Test 89 – Addition und Subtraktion

A1 **15 Punkte**

–	$\frac{1}{2}$	10	$\frac{10}{3}$	–11
$(-\frac{5}{4})$	$(-\frac{5}{4}) - \frac{1}{2} = -\frac{7}{4}$	$(-\frac{45}{4})$	$(-\frac{55}{12})$	$(\frac{39}{4})$
14,75	14,25	4,75	$\frac{137}{12}$	25,75
$\frac{9}{2}$	4	$(-\frac{11}{2})$	$\frac{7}{6}$	$(\frac{31}{2})$
(–20,5)	–21	–30,5	$-\frac{143}{6}$	–9,5

A2 **5 Punkte**

a) $0{,}25 - (+3{,}75) + (-9{,}5) = -13$

b) $2 - (-20) - (+3{,}85) = 18{,}15$

c) $0{,}01 - (+1{,}2) - (-2{,}7) = 1{,}51$

d) $(-\frac{13}{6}) + \frac{2}{5} - \frac{1}{2} = (-\frac{136}{60})$

e) $(+13) - (-4) + (-15) = 2$

A3 **5 Punkte**

a) $(-25) - 30 + 145 = 90$

b) $(-10) + 38 - 5 = 23$

c) $14{,}75 + 7{,}25 - (-23{,}5) = 45{,}5$

d) $-3 - 10 + 54{,}7 = 41{,}7$

e) $63{,}75 + (-3{,}5) + 10 = 70{,}25$

Test 90 – Addition und Subtraktion

A1 5 Punkte

Januar	Einnahmen: 100 €	Ausgaben: –85	100 – 85 = 15
Februar	Einnahmen: 123 €	Ausgaben: –120	123 – 120 = 3
März	Einnahmen: 150 €	Ausgaben: –40	150 – 40 = 110
Aktueller Kontostand: 295 + 15 + 3 + 110 = 423 € > 300 €			
Hat er genug Geld, um das Handy zu kaufen? Er hat das Geld dafür, sollte es aber nicht tun...			

A2 7 Punkte

	Um 7 Uhr morgens	Um 21 Uhr abends	Abstand
Montag	1,3 °C	4,1 °C	2,8
Dienstag	3,9 °C	3,2 °C	0,7
Mittwoch	2,3 °C	3,4 °C	1,1
Donnerstag	0,1 °C	1,9 °C	1,8
Freitag	0,9 °C	2,0 °C	1,1
Samstag	3,0 °C	5,8 °C	2,8
Sonntag	1,7 °C	4,2 °C	2,5

Test 91 – Multiplikation und Division

A1 5 Punkte

a) 15 x (+4) = 60

b) (99) : (–11) = –9

c) (14) x (–2) = –28

d) (2,21) : (–1,3) = –1,7

e) (–9) x (+ 12) = –108

A2 24 Punkte

x	–15	0,5	3,5
0	0	0	0
1	–15	0,5	3,5
–6,5	97,5	–3,25	–22,75
3	–45	1,5	10,5

:	2	10	–4
–9	–4,5	–0,9	2,25
4	2	0,4	–1
–2	–1	–0,2	0,5
10	5	1	–2,5

A3 6 Punkte

a) –4 x (–15) = 60

b) –24 : (-8) = 3

c) –3,5 x 5 = –17,5

d) –62 : 4 = –15,5

e) 7 x 10 = 70

f) 192,5 : (–17,5) = –11

Test 92 – Multiplikation und Division

A1 5 Punkte

a) 17 x (–0,5) = –8,5

b) (55) : (–11) = –5

c) (5,5) x (10) = 55

d) (3,5) : (0,5) = 7

e) (–6) x (–7) = 42

A2 5 Punkte

a) (–4,5) x 2 + 9 = 0

b) 18 : 9 + 0,25 = 2,25

c) 0,75 : (–3) – 1 = –1,25

d) 15 x $(\frac{1}{2})$ + 14 – 20 = 1,5

e) 60 : 5 + 12 – 3 = 21

A3 **6 Punkte**

a) $(-\frac{12}{5})$ x $(-\frac{5}{2})$ = 6

b) 6 : 0,5 = 12

c) $(-\frac{5}{4})$ x (−7) = $\frac{35}{4}$

d) −22 : −2 = 11

e) 10 x 0,025 = 0,25

f) 14 : 0,5 = 28

Test 93 – Multiplikation und Division

A1 **4 Punkte**

a) 72,5

b) 28

c) 34

d) 2

A2 **5 Punkte**

a) $\frac{5}{7}$ x 14 + (−10) − (+8,5) = −8,5

b) 20 : 20 + 7,75 + (−5,75) = 3

c) 12,5 : $(-\frac{1}{2})$ − 25 + 50 = 0

d) 16 x $(-\frac{1}{4})$ + 0,75 − 9 +30 = 17,75

e) 90 − 70 + 0,75 x (−10) = 12,5

A3 **6 Punkte**

	x	=
$\frac{1}{5}$	25	5
2,27	4	9,08
$\frac{1}{10}$	38	3,8
	:	=
9,75	3	3,25
15,25	$-\frac{1}{2}$	−30,5
10	0,25	40

Test 94 – Winkel messen und zeichnen

A1 **5 Punkte**

a) spitz

b) rechter

c) stumpf

d) gestreckt

e) überstumpf

A2 **5 Punkte**

a) spitzer Winkel

b) rechter Winkel

c) stumpfer Winkel

d) gestreckter Winkel

e) überstumpfer Winkel

A3 **5 Punkte**

a) Nebenwinkel

b) Scheitelwinkel

c) Stufenwinkel

d) Wechselwinkel

e) Wechselwinkel

Test 95 – Winkel messen und zeichnen

A1 **5 Punkte**

a) spitzer Winkel

b) stumpfer Winkel

c) überstumpfer Winkel

d) stumpfer Winkel

e) spitzer Winkel

A2 **3 Punkte**

a) 36°

b) 90°

c) 127°

A3 **3 Punkte**

a) 123°

b) 23°

c) 17°

Test 96 – Winkel messen und zeichnen

A1 **5 Punkte**

a) 55°

b) 93°

c) 30°

d) 83°

e) 90°

A2 **2 Punkte**

a) spitzer Winkel, stumpfer Winkel, rechter Winkel, überstumpfer Winkel, gestreckter Winkel, Vollwinkel, Nullwinkel

b) spitzer Winkel: 23°, stumpfer Winkel: 92°, rechter Winkel: 90°, überstumpfer Winkel: 185°, gestreckter Winkel: 180°, Vollwinkel: 360°, Nullwinkel: 0°

A3 **3 Punkte**

a) Die gegenüber liegenden Winkel sind gleich groß.

b) Die nebeneinander liegenden Winkel ergeben 180°.

c) Alle Winkel zusammen ergeben 360°.

Test 97 – Mittelsenkrechte und Winkelhalbierende

A1 **5 Punkte**

a) ja

b) nein

c) ja

d) ja

e) nein

A2 **1 Punkt**

1, 3, 2

A3 **5 Punkte**

a) ja

b) ja

c) ja

d) nein

e) nein

Test 98 – Mittelsenkrechte und Winkelhalbierende

A1 **2 Punkte**

a) Mittelsenkrechte

b) Winkelhalbierende

A2 **3 Punkte**

a) f

b) q

c) k

A3 **3 Punkte**

a) h

b) j

c) n

Test 99 – Mittelsenkrechte und Winkelhalbierende

A1 **2 Punkte**

a) Wähle einen Radius der etwas größer ist als die Hälfte der Strecke. Stich den Zirkel in die beiden Randpunkte der Strecke und zeichne jeweils einen Kreis. Zeichne eine Gerade durch die Schnittpunkte der Kreise.

b) Stich den Zirkel in den Schnittpunkt der beiden Geraden und zeichne einen Kreis. Stich nun den Zirkel in die beiden Schnittpunkte des Kreises mit den Geraden und zeichne jeweils einen Kreis. Zeichne eine Gerade durch die Schnittpunkte der Kreise

A2 **4 Punkte**

a) B

b) F

c) B

d) G

A3 **2 Punkte**

a) H

b) E

Test 100 – Rechteck und Dreieck

A1 **4 Punkte**

a) 4

b) 2

c) 1

d) 3

A2 **4 Punkte**

a) 15 cm^2

b) 28 cm^2

c) 7 cm^2

d) 45 cm^2

A3 **4 Punkte**

a) 2

b) 4

c) 1

d) 3

Test 101 – Rechteck und Dreieck

A1 **4 Punkte**

a) 3

b) 1

c) 4

d) 2

A2 **4 Punkte**

a) 18,75 cm^2

b) 22 cm^2

c) 22,75 cm^2

d) 23,2 cm^2

A3 **4 Punkte**

a) 3

b) 2

c) 4

d) 1

Test 102 – Rechteck und Dreieck

A1 **4 Punkte**

a) 2

b) 1

c) 4

d) 2

A2 **4 Punkte**

a) 12,5 cm

b) 10,2 cm

c) 8,5 cm

d) 174 mm

A3 **4 Punkte**

a) 37,95 cm^2

b) 73,1 cm^2

c) 48,33 cm^2

d) 75,2 cm^2

Test 103 – Parallelogramm und Trapez

A1 **4 Punkte**

a) 12 cm^2

b) 5 cm^2

c) 22,5 cm^2

d) 12 cm^2

A2 **3 Punkte**

a) 3 cm

b) 4 cm

c) 2 cm

A3 **4 Punkte**

a) 32 cm^2

b) 14,25 cm^2

c) 36,25 cm^2

d) 26 cm^2

Test 104 – Parallelogramm und Trapez

A1 **4 Punkte**

a) 55,25 cm^2

b) 61,2 cm^2

c) 112,5 cm^2

d) 63 cm^2

A2 **4 Punkte**

a) 15 cm

b) 10,4 cm

c) 4 cm

d) 9,2 cm

A3 **3 Punkte**

a) 72,45 cm^2

b) 103,7 cm^2

c) 170,25 cm^2

Test 105 – Parallelogramm und Trapez

A1 **4 Punkte**

a) 41,8 cm^2

b) 222 cm^2

c) 327,6 cm^2

d) 259,2 cm^2

A2 **4 Punkte**

a) 11 mm

b) 0,85 dm

c) 5,8 cm

d) 120 mm

A3 **4 Punkte**

a) 10,2 cm

b) 48 mm

c) 310 mm

d) 305,9 cm^2

Test 106 – Drachenviereck und Raute

A1 **3 Punkte**

a) 2

b) 1

c) 4

A2 **4 Punkte**

a) 7,5 cm^2

b) 21 cm^2

c) 8 cm^2

d) 9 cm^2

A3 **4 Punkte**

a) 8 cm^2

b) 32 cm^2

c) 15 cm^2

d) 21 cm^2

Test 107 – Drachenviereck und Raute

A1 **3 Punkte**

a) 3

b) 4

c) 1

A2 **4 Punkte**

a) 12,25 cm²

b) 19,125 cm²

c) 16,5 cm²

d) 11,875 cm²

A3 **4 Punkte**

a) 7,875 cm²

b) 35,75 cm²

c) 30 cm²

d) 31,5 cm²

Test 108 – Drachenviereck und Raute

A1 **3 Punkte**

a) 2

b) 1

c) 3

A2 **4 Punkte**

a) 24,48 cm²

b) 10,45 cm²

c) 16,8 cm²

d) 21,62 cm²

A3 **4 Punkte**

a) 9,44 cm²

b) 20,4 cm²

c) 24,25 cm²

d) 51 cm²

Test 109 – Zusammengesetzte Flächen

A1 **1 Punkt**

300 cm²

A2 **2 Punkte**

a) 12,28 cm²

b) 13,28 cm

A3 **1 Punkt**

17,5 cm²

Test 110 – Zusammengesetzte Flächen

A1 **2 Punkte**

a) 28 cm²

b) 30,43 cm

A2 **1 Punkt**

26,28 cm²

A3 **2 Punkte**

a) 3656,64 cm²

b) 245,66 cm

Test 111 – Zusammengesetzte Flächen

A1 **1 Punkt**

500 000 cm²

A2 **1 Punkt**

3,31

A3 **1 Punkt**

46,54

Test 112 – Abschlusstest

A1 **6 Punkte**

a) 74 %

b) 95 %

c) $\frac{7}{20}$

d) $\frac{43}{100}$

e) 33,3 %

f) $\frac{17}{50}$

A2 **6 Punkte**

a) P = 103,50 €

b) p% = 54 %

c) G = 13 400 €

d) P = 2320 €

e) p% = 3 %

f) G = 5450 €

A3 **4 Punkte**

a) 4,95 €

b) 28,2 %

c) 1300 €

d) 16,7 %

A4 **2 Punkte**

a) 27 €

b) 6581,37 €

A5 **3 Punkte**

a) 1356,10 €

b) 98,89 €

c) 2,35 %

A6 **4 Punkte**

a) 3,6; 2,8

b) 38,5; 47,3

c) 3,5; 2,8

d) 92,4; 141,68

A7 **2 Punkte**

a) 14 Stunden

b) 512 €

A8 **4 Punkte**

a) 34,3 cm^2

b) 4,12 cm

c) 52,81 cm^2

d) 4,7

A9 **2 Punkte**

a) 45 cm^2

b) 58 cm^2

A10 **2 Punkte**

a) 1750 m^2

b) 43

Notizen

Notizen

Bitte hier ausfüllen

und in der nächstgelegenen Schülerhilfe vor Ort abgeben.
Weitere Infos über die Schülerhilfe unter www.schuelerhilfe.de.

Vorname

Name

PLZ

Ort

Straße

Geburtsdatum

Telefon

E-Mail